世界のトップが絶賛した
即座に考えが“まとまる”“伝わる”すごい技術

1分で話せ②
超実践編

伊藤羊一

Zホールディングス株式会社
Zアカデミア学長

はじめに

『1分で話せ』を書いたときに、プレゼンは「動かしてなんぼ」ということをお伝えしました。

シンプルなメソッドでしたが、おかげさまで「目から鱗だった」というお話をいただき、書籍も49万部を超えるヒットとなりました。

『1分で話せ』では、主に「プレゼンで話して伝える側」の視点でまとめていきましたが、私たちの仕事や生活の中には、もっと様々な「伝える」シチュエーションがあります。

たとえば、オフィスでは、会議や交渉、ちょっとした相談ということもありますし、資料や文章など、「話す」以外のコミュニケーションもあります。また、最近はオンラインでのやりとりも増えてきています。

ビジネスですから、ロジカルなコミュニケーションが大事ですが、実際には、組織ならではのコミュニケーションの機微もあります。

そこで、新卒以来「会社員」として勤める中で身につけた組織ならではのコミュニケーションの勘所や、ロジカルな思考が得意でなかった自分だからこそ伝えられるロジカルに考える極意など、様々なシチュエーションで生かしていただけるように今回は「実践編」として、まとめることにしました。

職場の人間関係が嫌で退職する方も多いと思いますが、「伝え方」を知ることで、もっと前向きで建設的なコミュニケーションが世の中に増えれば何よりです。

すべてのコミュニケーションは「ピラミッド」で簡単に伝わる

何か発信したり動こうとしたときに、会社の中でも、社会の中でも、私たちには「相手」がいます。だからこそ、ただ話すだけでなく、「やりとり」をしながら、ゴールに向かっていかなければなりません。

でも、それが面倒くさかったり、しんどかったりします。そして時に、最初からあきらめてしまったりします。

すべてのコミュニケーションはピラミッドで伝わる

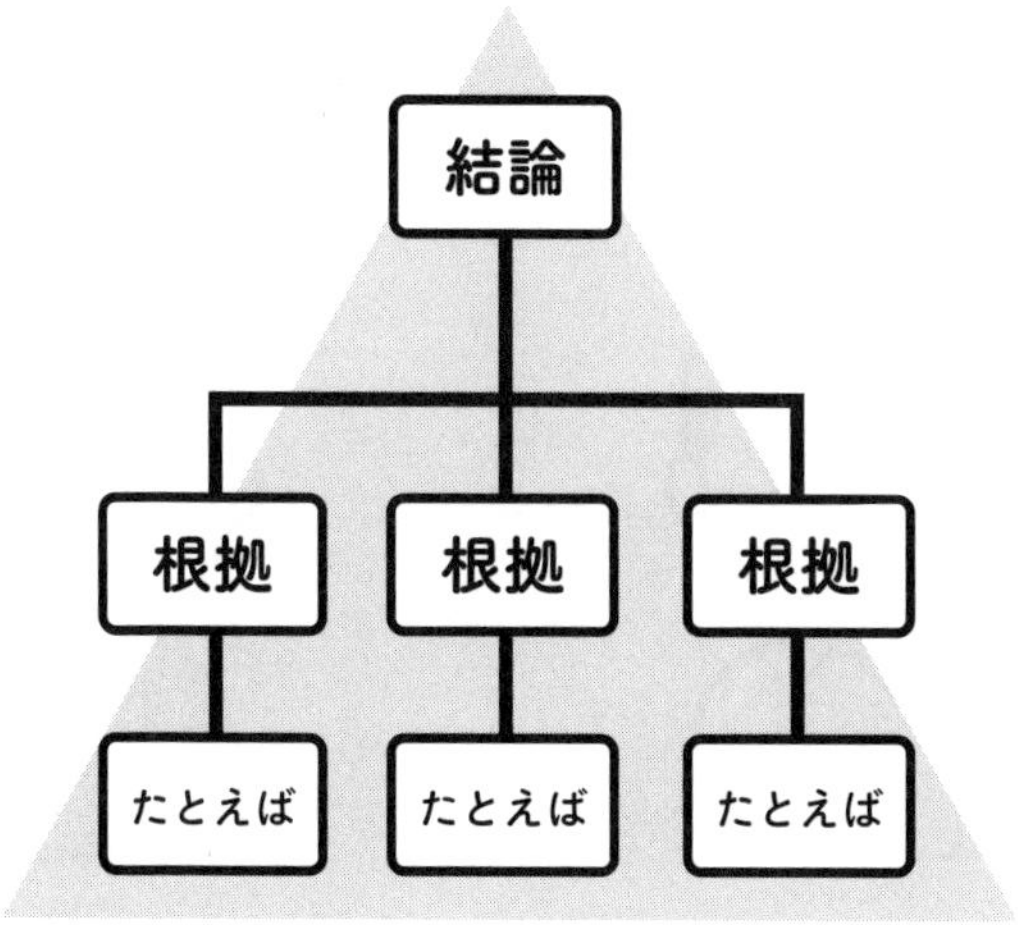

ここで、簡単なコツをお話ししましょう。

まず、ビジネスでのコミュニケーションは、原則「ピラミッドのやりとり」だということです。

最初に結論、そのあとに「3つの根拠」、そしてそれぞれの具体例を持ってくる。

このピラミッドのやりとりで成立するのです。

ピラミッドさえできれば、すべてのアウトプットが簡単に、ロジカルに整理できます。

そして、ピラミッドを意識すれば、相手とのやりとりも、随分スムーズになります。

「この人何が言いたいんだろう」といった、かみ合わない感じがなくなります。

本書では、こんな話をしていきます。

- ピラミッドで頭の中を整理する
- ピラミッドのやりとりですべてのコミュニケーションを円滑にする
- ピラミッドから資料を作成する
- ピラミッドから文章を作成する

こんなふうにピラミッドで整理すれば、プレゼンもコミュニケーションも資料作成も、スムーズにいきます。

たとえば、提案資料をつくり、プレゼン

に臨んだら、クライアントや上司の反応がいまいちだったとします（そんな経験、皆さんにはないでしょうか?）。

せっかく時間をかけて、何枚も資料をつくって準備したのに、相手に伝わらないのではもったいない話です。

これはプレゼンの技術の問題もあるかもしれませんが、そもそものピラミッドができていないことがあります。

一方で、メンバーが一生懸命話しているのに、何を言いたいのか、さっぱり頭に入ってこないといったとき。これも実はピラミッドに整理しながら聞いていくと、段々と問題点が見えてくるのです。


本書を読んだら、コミュニケーションに関する考えが変わり、明日から実践できる内容が見つかると思います。

ぜひ最後までご一読いただけましたら幸いです。

伊藤　羊一

第3章

実践編 「伝える」基本

第1章

1分で話すための
ピラミッド

たった3ページでわかる「ロジカルシンキング」

『1分で話せ』を読まれた方には復習になりますが、先に「1分で話すためのピラミッド」について、簡単に説明します。
「ロジカルシンキング」の基本でもありますので、ぜひ復習がてら目を通していただけましたら幸いです。

まず、上からです。
最初に「結論」を話します。「一番言いたいことを言う」ということですね。
次の段が、「根拠」です。
なぜ、そんなことが言えるのか。理由をまとめます。
3つくらいあると説得しやすいです。

図1−1 基本のピラミッド

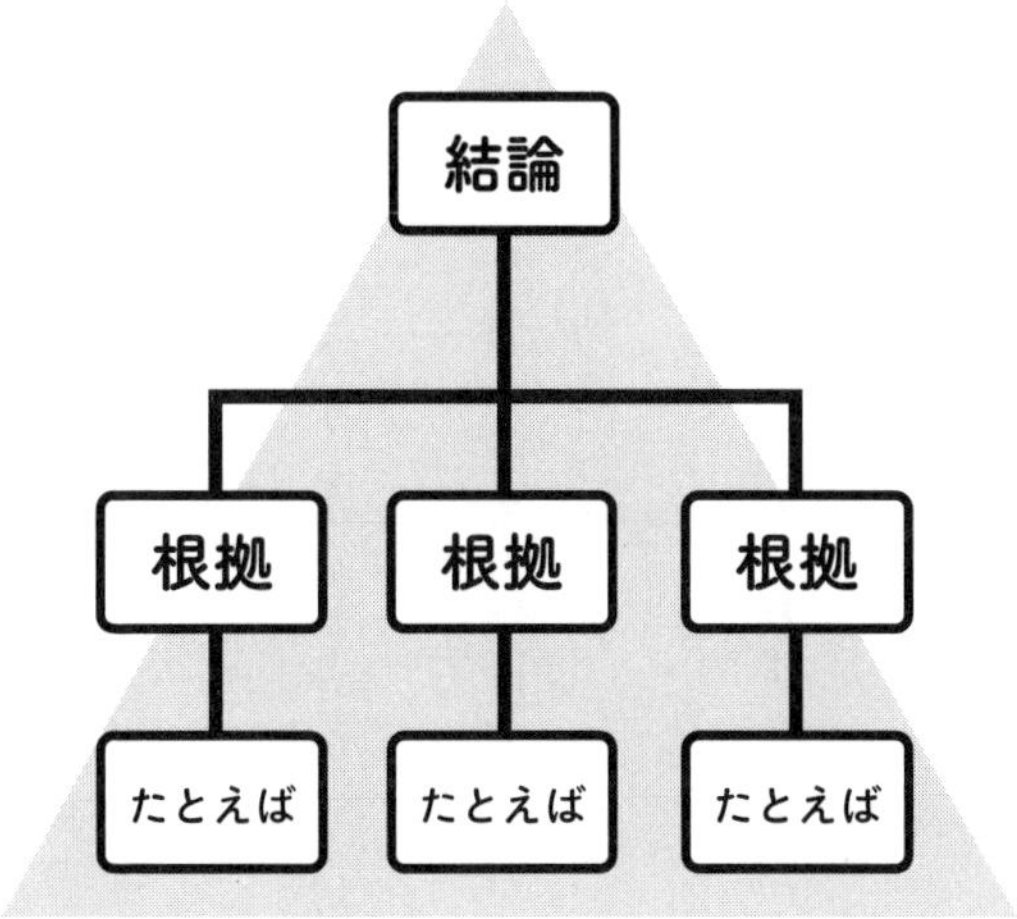

3段目が、「たとえば」の事例です。
2段目であげたことについて、その例を説明します。
人は、具体的な話があってはじめて「あ、そういうことね」と理解します。
3段目で、自分が持っているイメージを相手に見せるのです。

牛丼屋の例で説明しましょう。
「Y屋の牛丼はいい」
これを誰かに伝えたいとします。
では、なぜ、いいのか。
「安い、早い、うまい」から。
これが2段目（根拠）に入ります。
そして3段目は事例です。

「Y屋は安いんです。500円でおなかがいっぱいになります」
「Y屋は早いんです。注文したらすぐ出てきます」
「そしてY屋はうまいんです。独特なたれが食欲をそそります。想像してみてください〜」

これでその人が、Y屋がなぜいいと思っているのかが、伝わるのではないでしょうか？

「ロジカルに話をするのは苦手」という方は多いのですが、最低限これに沿って整理して、話をすれば伝わります。たったこれだけです。

「ロジカルシンキング」というテーマだけで1冊の本になることから考えると、あまりに単純に思われるかもしれませんが、これができれば、ロジカルなコミュニケーションができます。

でも、実際にはなかなかそうならない。
ここで、もう少しピラミッドをつくるための方法を紹介していきます。

なぜ、あなたの話には結論がないのか

「話がわからない」と思われる理由の1つに「結論がない」ということがあります。

いろいろと上司に説明したのに、「何を言っているのかわからない」と言われたり、聞き流されたりして、もどかしい思いをすることはないでしょうか。

もし、「考えるための時間」があるのであれば、「根拠」にあたると思われる内容、「例」と考えられる内容、「結論」らしきものを、思いつくままに付箋に書いて、ピラミッドをつくって検証していけば、少しずつ課題が見えてきます。

たとえば、マネージャーから、「来週月曜日に大事なお客さんが来るので、お昼にどこかお店を予約しておいて」と言われたとします。

最初に、この問題に関して思いつく限りのことを付箋に書いていきます（19ページ図

1-2)。

これらはすべて「情報」です。これだけだとなんの手掛かりにもなりません。

「悩んでいて結論が出ない」というのは、この**「情報」を見ているだけで、「考える」ことができていない**状態です。

このままマネージャーに報告しても、

「天ぷら屋さんは美味しいんですけど、遠いんですよね。当日は雨の予報ですし。鶏料理は近所だけど、この間久しぶりに行ったら混んでいてうるさかったんですよ。和食屋さんは社長がよく行っているけど、高そうで自分は行ったことがないんですよね。どうなんでしょう」

と話すことになって、「それで?」と、あきれられてしまうことになります。

『1分で話せ』でもお話ししていますが、「考える」ことと「悩む」ことは違います。

「Aにしようかな、Bにしようかな。でも、Cも捨てがたいなあ」。こうした思念が頭をぐるぐる回って、無限ループにはまってしまう。これは「悩んでいる」状態です。

図1−2 付箋に書いてみる

このあたりだと、
老舗の天ぷら屋さんが
一番美味しい

当日は雨らしい

天ぷら屋さんは
会社から遠い

この間鶏料理のお店
に行ったら、
店内はうるさかった

鶏料理のお店は
味もいいし、
会社から近い

和食屋さんは社長がよく
知人を連れていっている
と聞いたことがある

静かで個室があるのは、
和食屋さんだ

お客さんは忙しい人

訪問してくる
お客さんは食通だ

上司は保守的で、
とにかくミスがない
ことを望む

和食屋さんのランチは
予算内に収まったっけ？

それに対して「考える」というのは「結論を出す行為」です。「Aがいいと思います。なぜなら、○○だからです」というように、説明を凝縮することができます。


では、結論をどう出せばいいのか？

ここから、先ほどのバラバラな情報を加工していきましょう。

①「だから何？」と考えてみる

「天ぷら屋さんは会社から遠い」

これだけだと「遠い」というだけの情報です。

今回の目的である「お客さんに喜んでもらう」に照らし合わせて、「だから何？」と言語化してみましょう。

（情報）
天ぷら屋さんは会社から遠い
（だから何？）

だから、お客さんによけいな時間を使わせてしまう
だから、雨の日や寒い日は行きたくない
だから、足が悪い人には勧められない

ここは、ケースによって様々な答えが考えられるでしょう。
また、今回のような場合、目的である「お客さん」についても考えてみましょう。

（情報）　（だから何？）
・あのお客さんは食通だ　↓　美味しいものがいい
・あのお客さんは忙しい　↓　無駄な時間をとらせないようにしたい

すると、「美味しくて会社から近いお店がいい」「無駄な時間をとらせないようにしたい」という条件が浮かび上がり、どんなお店を選べばいいのかの基準も見えてきます。
「結論が出せない」という場合、大抵は「それをどういう判断軸に基づいて考えたらいいのかわかっていない」ということです。今回は目的である「お客さん」のことを考え

ることで、「美味しくて、会社から近い」という軸が生まれました。

そうしたら、その軸に合わせて、情報を整理していけばいいのです。

②情報をピラミッドで整理する

さて、判断軸が決まったら、それぞれの情報について整理していきましょう。

その後、ピラミッドにするために、たくさんの情報について、それが根拠なのか、事例なのか組みなおしてみます。

この例は単純なのでわかりやすいですが、込み入った問題になると、どれが根拠でどれが事例なのかがわからなくなることもあると思います。そんなときは、自分の中でしっくりくるまで並べなおします。

まずは、ひとまず、個々の情報について整理してみましょう。

【目的：お客さんに喜んでもらうために、美味しくて、会社から近いお店を探す】

天ぷら屋さんに関する根拠

・このあたりだと、老舗の天ぷら屋さんが一番美味しい　↓　だから、食通のお客さんが喜んでくれる
・天ぷら屋さんは会社から遠い　↓　だから、お客さんに無駄な時間をとらせることになる

天ぷら屋さんに関する事例

・会社から遠い　↓　だから、雨の日は行きたくない

鶏料理屋さんに関する根拠

・鶏料理のお店は味もいいし、会社から近い　↓　だから、満足度は高い

鶏料理屋さんに関する事例

・この間鶏料理のお店に行ったら、店内はうるさかった　↓　だから、静かに話すことができない

和食屋さんに関する根拠

・静かで個室があるのは、和食屋さんだ　↓　だから、ゆっくり話しやすい

・和食屋さんのランチは予算内に収まったっけ？　↓　予算内に収まらないと経理から怒られる↓（調べたところ）↓なんとか収まる

和食屋さんに関する事例

・和食屋さんは、美味しいものが好きな社長がよく知人を連れていっていると聞いたことがある　↓　だから、味についてはある程度信用ができる

ここから考えると、和食屋さんがよさそうです。

次に、和食屋さんの情報について、ピラミッドの形にしてみます（次ページ図1－3）。その後、点線で囲まれた埋まっていない2段目と3段目の箱を埋めて26ページ図1－4のようなピラミッドを作ります。

ここまでくると結論も定まり、人にも伝えられる形で、内容がまとまっていきます。

言葉にするとこんなふうになるでしょうか。

「和食屋さんがいいと思います。お客さんはお忙しい方と聞いていますが、和食屋さんは、会社から近く、個室があって話しやすいです。また、お客さんは食通の方と聞いていま

図1−3 「和食屋さんがいい」ことについてのピラミッドをつくる

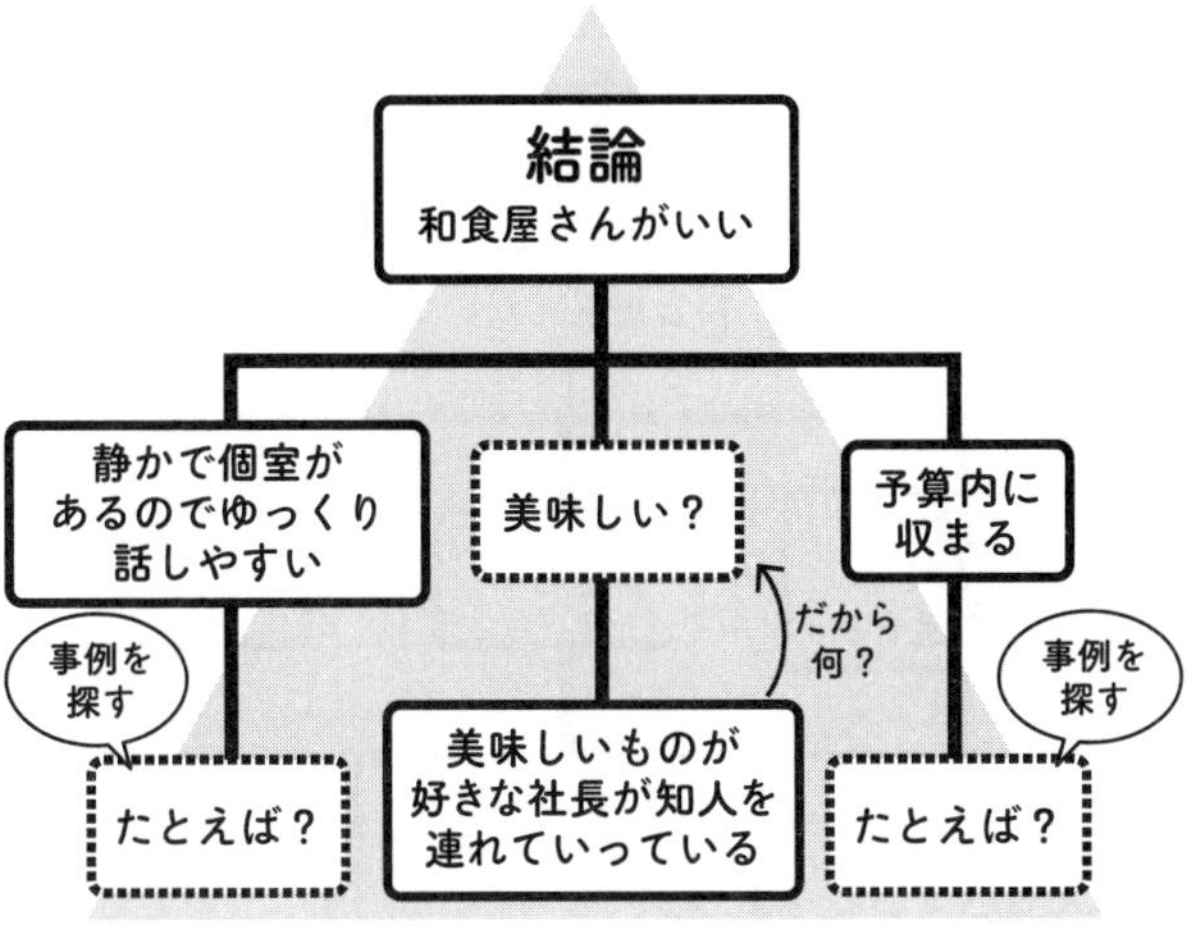

すが、食べることが好きなうちの社長も気に入っている店のようなので、味も安心だと思います。もちろん予算内に収まります」

明らかに、「天ぷら屋さんは美味しいんですけど、遠いんですよね。当日は雨の予報ですし。鶏料理は近所だけど、この間久しぶりに行ったら混んでいてうるさかったんですよ。和食屋さんは社長がよく行っているけど、高そうで自分は行ったことがないんですよね。どうなんでしょう」と言うよりも印象はよいですよね。

物事をロジカルに考え、話せる人の頭の中は、実はこんなふうになっているんです。

図1−4「和食屋さんがいい」ことについてのピラミッド完成版

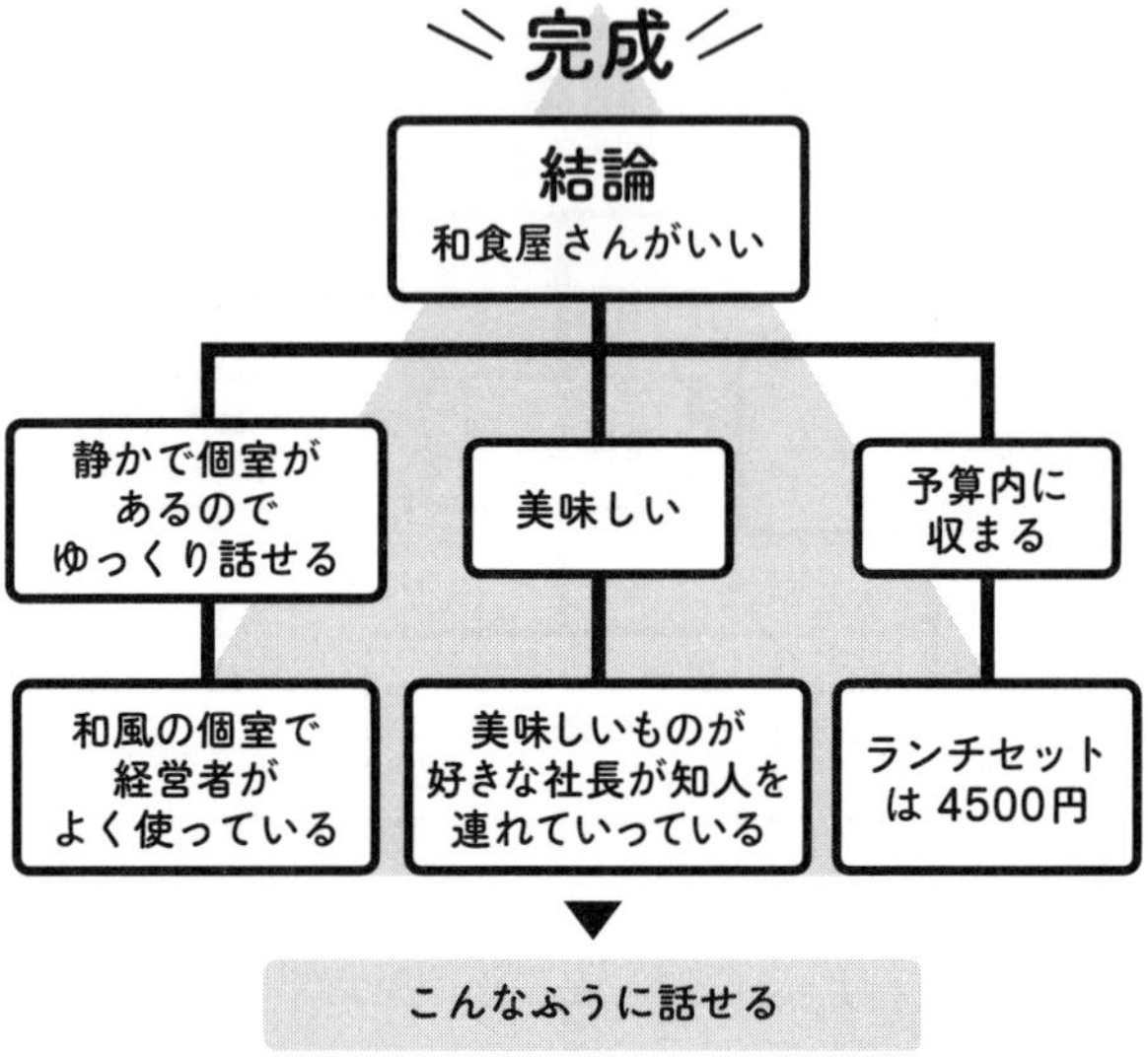
完成
結論
和食屋さんがいい
静かで個室が
あるので
ゆっくり話せる
美味しい
予算内に
収まる
和風の個室で
経営者が
よく使っている
美味しいものが
好きな社長が知人を
連れていっている
ランチセット
は 4500円
こんなふうに話せる

和食屋さんがいいと思います。
お客さんはお忙しい方と聞いていますが、会
社から近く、個室があって話しやすいです。
また、お客さんは食通の方と聞いていますが、
食べることが好きなうちの社長も気に入って
いる店のようなので、味も安心だと思います。
もちろん予算内に収まります。

すぐ「結論」を出さなければならない場合

さて、調べて考える時間があればよいのですが、現実問題としては、会議だったり、急にマネージャーから意見を求められたりと、即答しなければならないことが結構あります。

「伊藤さんはどう思いますか？」と会議などで意見を求められたとき、「データがないので、わかりません」「調査して検証しますので、2週間後に返答します」と言っていては、話が進まない場面がたくさんあります。

こんなときは、どう結論を出していったらいいのでしょうか？

結論からお話ししますと、「0秒で結論を出す」のが僕のスタンスです。

本能に従って自分が「こうだ」と思ったらそれを言う。

それを「頭出しの結論」として話します。

「根拠」を探してばかりだとはじまらない

急に何か意見を求められたとき、こんなふうに話す方は多いです。

「あのときはこうでした」

「○○さんはああ言ってましたよ」

「あれはこうでした」

でも、それは結論ではありません。

これはいうなれば、ピラミッドの下の部分。根拠や事例の1つでしかないのです。

「A案のメリットはxxですが、デメリットはxxです。B案にはこんなリスクがあります」と言う人もいます。

これも一見よさそうですが、情報を整理しているだけで、結論にたどり着けていません。

図1−5 結論ではない「発言」とは…

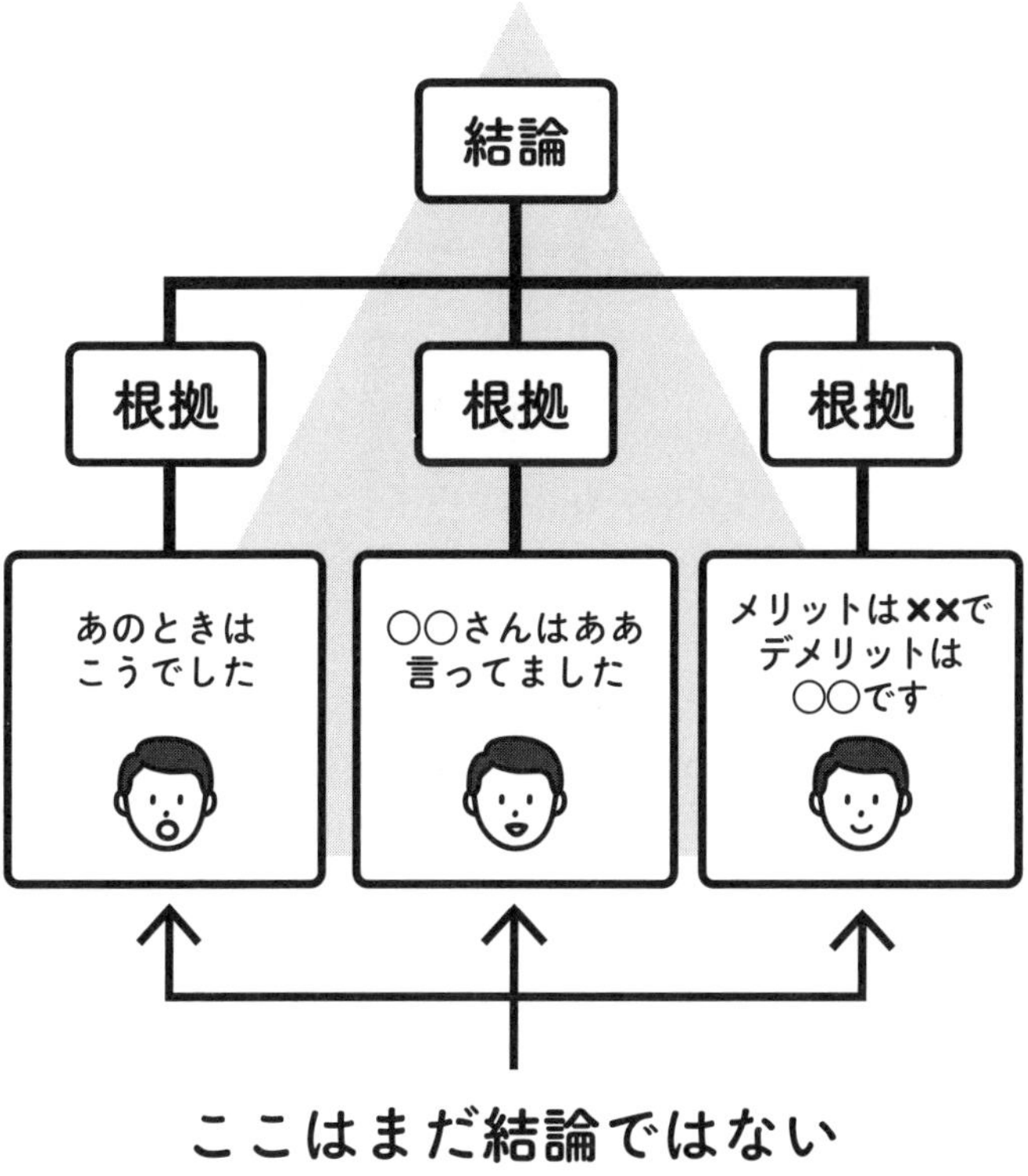

なかなか意思決定できないとき、「もう少し、情報を集めてから決めましょう」と言う人も多いです。

けれども、さらに時間をかけて、たくさんの情報を集めた結果、素晴らしい意思決定ができるとは限りません。

100パーセントの情報を集めることは、そもそも不可能です。

あらゆる視点に立って、すべての情報を集めることは、物理的に不可能ですし、手に入れた情報は、その瞬間から古くなっていきます。

結局、どんな意思決定であっても、不完全な情報の中で行なわなければならないのです。

多くの人は、たくさんの「根拠」から積み上げて、なるべく客観的に、リスクのない「結論」を導き出そうとします。

けれども、「根拠」となる情報をたくさん集めれば集めるほど、決められなくなってしまう。情報が膨大すぎて、どう整理していいのか、わからなくなってしまうのです。

メリット・デメリットを比較して答えは出るか

AかBか意思決定をするときに、メリット・デメリットを比較することがあります。それぞれの選択肢のメリット・デメリットは俯瞰して比較できますが、正解がない世界では、こうした比較検討では決められない場面のほうが多いです(もちろん、こうした比較で意思決定ができるケースでは、粛々と比較して意思決定すればいいのですが)。

そもそも、こうした比較で意思決定できるケースというのは、「正解」が導き出されるケースです。

でも、たとえば、「ものすごく仕事ができるけれども、性格にちょっと難のあるAさん」と「仕事はそこまでできないけれども、ものすごく性格のよいBさん」のどちらを採用するかという場面だとしたら、どうでしょうか。

意思決定のためのマトリクスでそれぞれの項目に点数をつけても、合計点は同点になってしまったりします。採用に限らず、ビジネスのほとんどの場面は、こんな意思決定の連続です。

このAさんとBさんのどちらを採用するかという場面では、それこそ**「場合による」**としかいえないのです。一匹狼的な働き方で、とにかく成果さえ出せばよい職場であればAさんのほうがいいかもしれませんし、逆に、チームワークが重視される職場ならBさんを採用するという結論になるでしょう。会社の社風だったり、企業理念によっても変わってくるかもしれません。

意思決定に直面するとき、多くの選択肢は「どっちもどっち」なのです。

誰にも正解はわからない

ビジネスでは、多くの場合、予想のつかない未来に対して「よし、これでいこう」と「決める」ことが求められます。うまくいくかどうかは、誰にもわかりません。それでも決める必要があるのです。

たくさんの「根拠」から積み上げて、なるべく客観的でリスクのない「結論」を導き出そうとする人は多いです。けれども、完全に客観的でリスクのない「正解」は存在しません。したがって、いくら情報・根拠を集めても、最終的にどちらがいいのかは、わからないことが多いのです。

では、どうすればいいのか。

それは、まず、一番上の「結論」からつくればいいのです。

情報が不完全なまま、結論を出すために必要なのは、自分の「軸」です。

僕の場合は、「顧客ファースト」が自分の軸です。

たとえば、僕は今、武蔵野大学アントレプレナーシップ学部を２０２１年４月に開設する準備をしていますが、学内でも様々なディスカッションが行なわれます。

その際に、

「理事がこういうふうに言っている」

「学生はどう思うだろう」

「教員から見るとどうか」

「我々としてどれがよいか」

などと様々な視点から検討しますが、それぞれの意見を尊重していたら、なかなか決まりません。

でも、「何が一番大事なのか」が決まっていれば、自動的に決まります。

僕は「何より学生が大事だ」と考えています。

だったら、「学生に最適な学びをつくるためにはどうしたらいいのか」という「軸」から考えれば、結論はすぐ決まります。

この「何が一番大事なのか」は、そもそも「自分の軸」にかかわってきます。超大げさにいうと、「自分の生き様」にかかわるものだと思います。

まず、そこで結論を出す。そして、なぜそれがいえるのかの「根拠」と「事例」を考える。**自分が出した結論なのですから、なぜそう考えたかの「根拠」と「事例」は自分の中にあるはずなのです。**

結局、ステークホルダーがたくさんいる場合、誰が何を言ってきても、最終的には、何かを捨てて何かを採用しなければいけないわけです。しかしこんな状態では、ロジックだけでは決められません。多数決という方法もありますが、それで本当によいのかというと、ケースバイケースでしょう。そして、リーダーとして最後の最後に判断するときは、やっぱり自分の軸の部分に従わざるをえないのです。

「仮置きの結論」を出す

このとき、「こんなことで結論としていいのだろうか？」と躊躇する人もいるかもしれません。

大事なのは、どんな形でも議論のたたき台とすべく、「仮置き」でもいいから結論を出すことなのです。

間違っていたら誰かが修正してくれますし、最初に物事を進めてくれる人がいるのは、場にとってありがたいことなのです。

だから、自信がないときは「仮置きの結論」として出しましょう。

「私の仮説ですが〜」
「たたき台として聞いていていただきたいのですが〜」

などと添えれば、相手もそのつもりで聞いてくれます。

実際に使える「ロジカルシンキング」とは

本来のピラミッドのつくり方は、様々なパーツを並べ、「つまりこういうことか」と一つひとつメッセージを出しながら結論を導いていく、というものです。

僕が言っているのはその「逆」です。

自分の頭の中にある結論をまず出して、それをサポートする根拠と具体例をひねり出していく。もし、2つぐらいしか出てこなかったら、グッと考えて3つにする。反対に5つ6つあるなら、もうちょっと絞ったほうが相手にとってはわかりやすいから絞ろうね、ということなんです。すると、ピラミッドストラクチャーを一瞬でつくれるのです。

ロジカルシンキングの教科書は、あまりこうはいいません。上（結論）からつくると、自分で後付けで根拠を考えるわけだから、「唯我独尊なロジック」になりがちなのです。

でも、スピードが大事な時代ですから、僕は「唯我独尊だろうが何だろうが、早くつくればいいじゃん」と思っています。それを相手に投げてみることによって、そのチェックができるからです。

不完全な状態でも、その根拠まで共有することによって、マネージャーやチームメンバーも、その「結論」を見つけるプロセスに参加することができる。もちろん優秀なメンバーが1人で完璧なものを仕上げてくれたら、それはありがたいことですが、マネジメントの立場からしてみると、チーム全体でより高いアウトプットを出すことのほうがより大事なことが多いでしょうし。

であれば、1週間かけて90パーセントの精度のものを持ってきてくれるよりも、早い段階で、50パーセントの精度でもたたき台として持ってきてくれて、チームみんなの力を借りて、ブラッシュアップしていけるほうがよいのです。

商談や企画会議でプレゼンするとき、多くの場合、**皆さんは「当事者」です。**ですから、スタート地点が主観であっても構わないのです。

ただ、あくまでそれが「主観であること」を忘れないことです。自分の主観があり、マネージャーの主観があり、同僚の主観がある。**たくさんの主観をすり合わせていく中**

で、みんなにとってよりよい客観的な結論を出していくというプロセスです。

ちなみにマッキンゼーで働いていた知人の話では、「いや、伊藤さん、コンサルタントも、仮説を立てるときは上から下にピラミッドを考えますよ」ということでしたし、ボストンコンサルティンググループの内田和成さんの『仮説思考』(東洋経済新報社)も「仮の答えを持つ」ことを勧めています。

骨組みをまず上からつくりながら、客観的にピラミッドがつくられているように見せるため、ファクトでしっかりと補強するイメージです。

繰り返しますが、世の中には完璧な答えなんかありません。だとしたら、より早い段階で意見を出してもらって、みんなで検討したほうが、早く確実に物事は進めていけるでしょう。

上からつくって唯我独尊になるというのはデメリットであるけれども、最初の結論に固執するのではなく、相手との対話と議論を通じて直していくことが前提であれば、結局は「いいピラミッド」になっていきます。

第2章

ピラミッドで考えれば
コミュニケーションは
わかりやすくなる

議論は「ピラミッド」のやりとりで進化する

ここまで思考とアウトプットを中心にピラミッドについてお話ししてきました。

しかし、コミュニケーションは一方向では成り立ちません。時には議論になって反対されることもあるでしょう。

このとき大事なのは、自分の思考プロセスをわかりやすく共有することです。

たとえば、大学の運営について議論する会議で、「僕は、学生の学びを最優先する軸に従って、こういう結論を出しました」ということを伝えたとします。

すると、「いや、伊藤さんの優先軸はわかるけれども、大学全体の予算配分で考えると、こういう結論になるのではありませんか」などといった違う軸からの意見が出てくるかもしれません。

このとき相手の軸（予算配分に則らなければならない）がわかれば、「なるほど、それはそうだね」と優先する軸をお互いに理解したり、歩み寄りながら議論することができます。結果として、よりよい第三の案が出てくることもあります。

逆に結論を突き合わせるだけでは、なぜ相手がその結論に達したのかがわからず、合意に達しづらいのです。

思考プロセスを共有するということは、自分がどんなピラミッドで考えたのかを見せることです。そして、議論というのは、お互いの頭の中にあるピラミッドを交換して、よりよいピラミッドをつくる行為であるといえます。

たとえば、あなたが新しいウェブサイトの企画を社内で提案したいとします。

「自社サービスの集客のために、フリーランスのお金情報についてまとめるウェブサイトをつくりたいと思っています。現在日本にフリーランスは１２００万人ほどいますし、まだ類似するサイトは少ないです。社内のウェブサイトの仕組みを使えば、すぐできると思うのですが、どうでしょうか？」

という話をしたとします。

（あなたのピラミッド）
結論　フリーランス向けのお金のウェブサイトをつくりたい
根拠1　多くの人が必要とする内容である
根拠2　まだないサービスである
根拠3　社内の仕組みを活用できるのですぐできる

相手はそこで何を聞いているのかというと、結論と同時に、結論に至るプロセスを見ているわけです。そして、「フリーランスといってもいろんな立場の人がいるんじゃないの？」とか「『まだない』と言っているけれど、この間こんなサイトを見たよ」と新しい視点をくれるわけです。

いちゃもんをつけられたと思う方もいるかもしれませんが、ここはまず素直に受け取ることが大事です。

すると聞いている側も、それを踏まえて、自分のピラミッドを再度ブラッシュアップしていくことができます。

結論だけしか伝えないと、相手も何を考えて良い悪いを判断してよいのかわかりませんし、適切なアドバイスもしづらいのです。

相手が反対のときは、ピラミッドがずれている

自分が提案した企画をマネージャーやクライアントから反対されるときもあります。「なんか気に食わないから、とりあえずなんでも反対しておこう」という特異な人を除けば、相手が反対するのは、**ピラミッドのどこかがお互いにずれているから**です。

一体どこがずれているのかがわからなければ、永遠に説得できません。相手を動かすことができないということです。

なぜ、相手は「YES」と言ってくれないのか。その原因を突きとめるためにも、ピラミッドを明確にすることです。たとえば、先ほどの例で、反対している人のピラミッドを見てみましょう（次ページ図2-1）。

図2−1 ピラミッドを見比べてみる

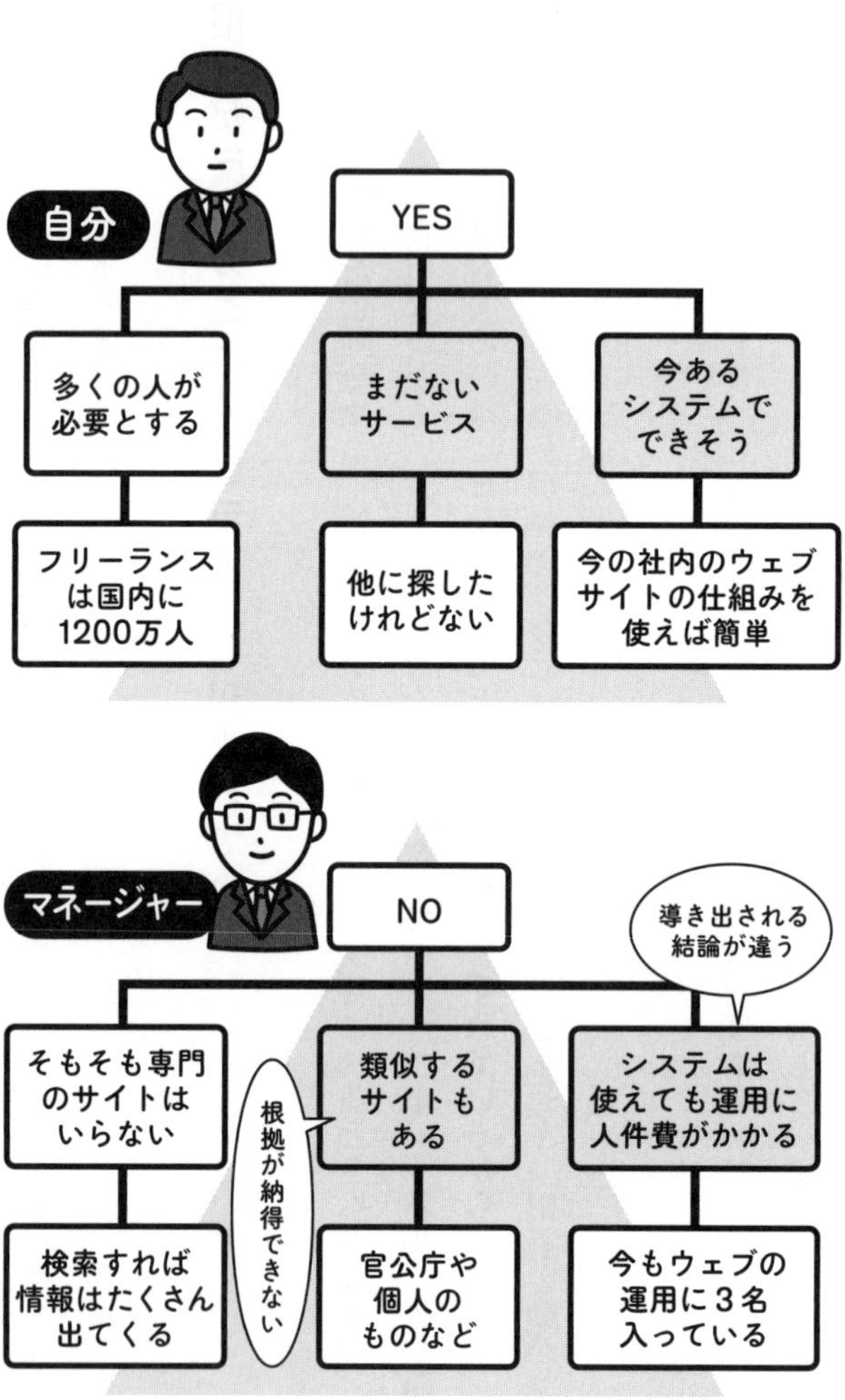
自分
YES
多くの人が必要とする
まだないサービス
今あるシステムでできそう
フリーランスは国内に1200万人
他に探したけれどない
今の社内のウェブサイトの仕組みを使えば簡単
マネージャー
NO
導き出される結論が違う
そもそも専門のサイトはいらない
類似するサイトもある
根拠が納得できない
システムは使えても運用に人件費がかかる
検索すれば情報はたくさん出てくる
官公庁や個人のものなど
今もウェブの運用に３名入っている

相手のピラミッドを見てみると、「類似するサイトもある」のように「ピラミッドの根拠の部分が納得できない」ということもありますし、「社内の仕組みは使えても人件費はどうするのか」といった「根拠は同じだけれど、そこから導き出される結論はこうならないはずだ」といった主張があることがわかります。

そういうことがわかれば、別の根拠を探して持ってくるなり、わかりづらいところをより丁寧に説明したり、反対されないための施策を持ってくればいいのだと、考えられますね。

その人それぞれに、知っている情報に違いもあるし、それに対する捉え方も違います。こうして「根拠と事実」の組み合わせをやりとりしながら、互いに納得できるところを探っていくことができます。

議論の作法

ここで、僕が考えている「議論し合意していくうえでのポイント」を7つお話しします。

1　テーマとゴールを確認する
2　ピラミッドを伝える
3　相手のピラミッドを理解する
4　共通点と相違点を探す
5　互いに歩み寄る
6　改めて結論を出す
7　決めたら従う

順に説明していきます。

1　テーマとゴールを確認する　2　ピラミッドを伝える　3　相手のピラミッドを理解する

ここはこれまでに説明してきたことですね。

先の「フリーランス向けお金のサイトに関する提案」ですが、マネージャーと議論のうえ、新たなピラミッドをつくったとします（左）。

テーマ	弊社サービスのウェブでの集客について
ゴール	リアルでの営業に代わるウェブの集客方法を探す
結　論	フリーランス向け月額1000円の会員制ウェブサービスをつくりたい
根拠1	フリーランスが今後増えることが予想される　例：統計データ
根拠2	他社より月額は安いので多くの加入者が見込める　例：他社のデータ
根拠3	毎月の安定した売上が見込める　例：類似するサービスで利益を上げているところがある

言葉で伝えるなら、こんなふうになるでしょうか。

「訪問しての営業がしにくくなった今、弊社サービスのウェブでの集客方法について提案したいです。

内容は、月額1000円程度の会員制ウェブサービスを立ち上げ、関連する情報の発信やイベントへの参加ができるものですが、最終的にはそこから弊社サービスに誘導したいと思っています。

今後フリーランスが増えることが予想されるなか、他社より安いので多くの加入者が見込めます。また、月額課金にすることで、毎月の安定的な売上に貢献します」

これに対してマネージャーのピラミッドも見てみましょう。

〈マネージャー〉
結論　会員制サービスはいいが、価格は高く設定したい
根拠1　フリーランスは増えても副業的な人も多そう　例：別の統計データ
根拠2　価格を高くして自社サービスを1回使えるようにしたい　例：会員制のウェブサービスを運営していくのはコストがかかる
根拠3　毎月の安定した売上が見込める　例：サービス運営費もきちんと回収できるようにしたい

こちらも言葉にするとこんな感じでしょうか。

「提案内容はわかった。価格は高く設定したほうがいいのではないか。

フリーランスは増えても、小遣い稼ぎ程度の人も多いのではないだろうか？またウェブサービスの中で新たなことをはじめるより、今あるサービスを1回使ってもらえるようにしたほうが、手間がかからないのではないか。最後に、安定した売上が見込めるのはいいが、運営費をきちんと回収できるようにしたい」

4　共通点と相違点を探す

両方のピラミッドが見えたところで、双方の共通点と相違点を探します。

〈共通点〉

- 月額制の会員制ウェブサービスは進めたい
- 毎月の売上が見込めるのはよい

〈相違点〉

- 値段の設定
- こうしたサービスを使うフリーランスが今後増えるかどうか

図2-2 共通点と相違点を見つける

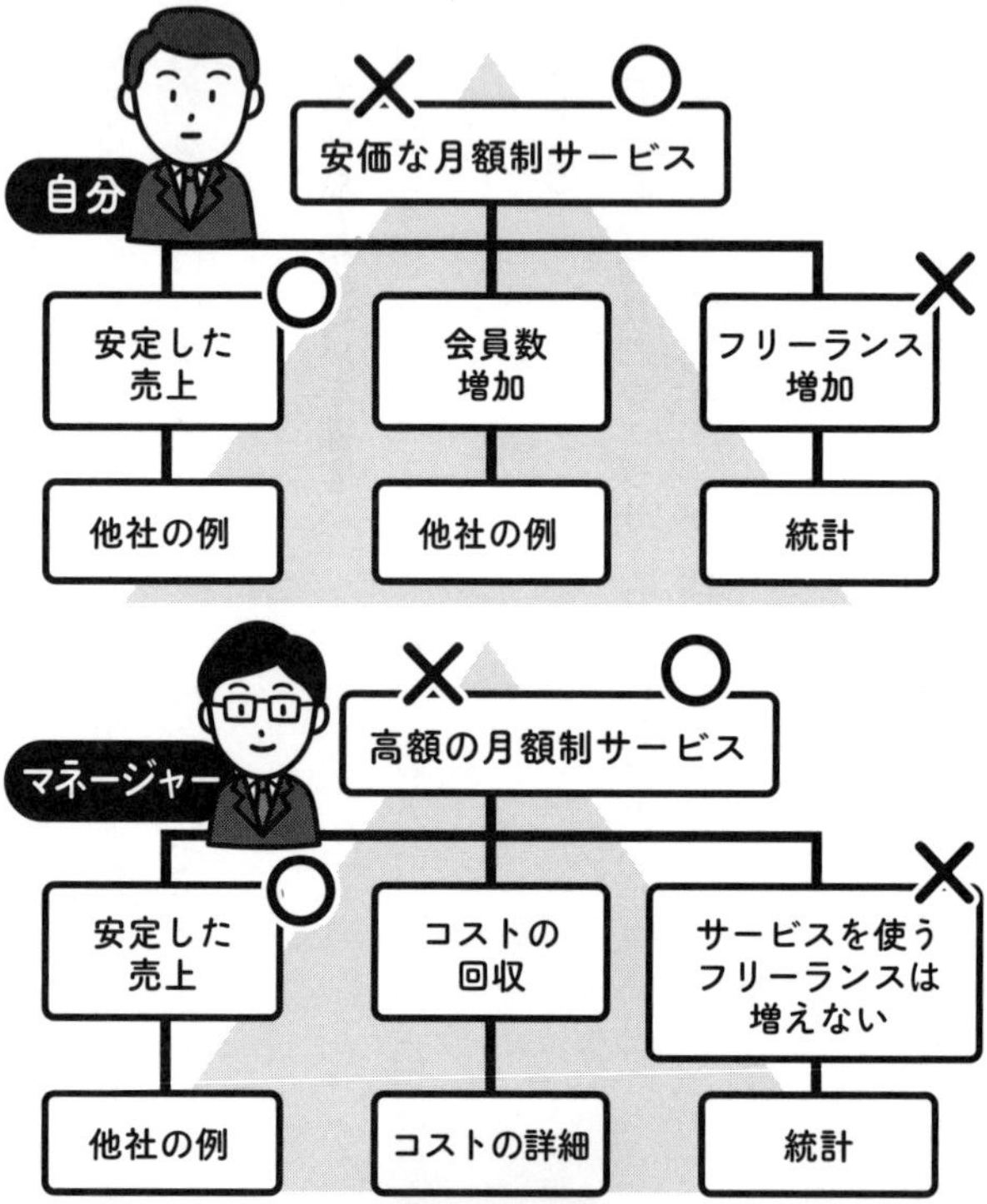

共通点

- 月額制の会員制ウェブサービスは進めたい
- 毎月の売上が見込めるのはよい

相違点

- 値段の設定
- こうしたサービスを使うフリーランスが今後増えるかどうか

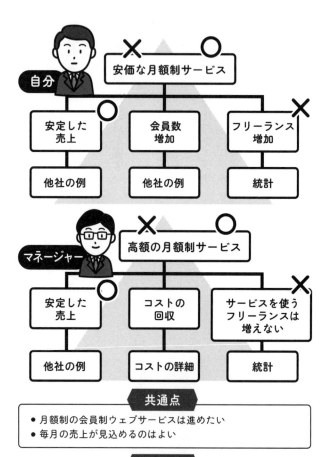

大きな相違点としては、値段の設定でしょうか。

5 互いに歩み寄る

次に、歩み寄れる内容をそれぞれ考えてみましょう。

1000円にしたい根拠としては、多くの会員を集めたい、ということ。

高額にしたい根拠としては、新しいサービスにかかるコストを回収したい、というものです。だったら、

- イベントはすべてオンラインとし、コストはできるだけ安くする
- 1か月無料などにして、まず弊社サービスを1回使ってもらうことで、会員数を増やすことはできないか
- 会員を2つに分けてはどうか

など歩み寄れるポイントを探していきます。

6 改めて結論を出す

双方の歩み寄りに基づいて、改めて結論を出します。

たとえば、この場合でしたら、

「新たな運営コストをかけず、まずは1回サービスを使ってもらうキャンペーンを行ない、そこから会員を増やしていく方法をとる」

といった結論が出るかもしれません。

7 決めたら従う

決まったらまずはそれに従って、進めてみます。

会議や議論でなかなか合意できないことについて、面倒だと思っている方もいるかもしれません。でも、意見は一人ひとり違っていて当然です。

だからこそ、みんなでピラミッドを見せ合って、結論を出していく。

結論を出したら、まずはそれに従ってやってみる。

そこでうまい結果が出なければ、もう一度、みんなで仮説を持ち寄って話し合えばよいのです。

この方法で行なえば、議論が紛糾することも少ないですし、お互い納得した結論にたどり着けると思っています。

相手の話を「ピラミッド」で聞く

相手の話を「ピラミッド」で理解することで、「聞く力」のトレーニングにもなります。商談や会議など仕事の場であれば、相手は、意識しているかはさておき「結論＋根拠」で話しているはずです。

僕は、仕事で人と話すときには、頭の中でピラミッドを組み立てながら聞いています。「この人の言っていることの根拠は3つあるんだな。さっきの話が1つ目の根拠で、今の話は2つ目の根拠だな」というようにです。

つまり、ピラミッドの「結論＋根拠」にあたる情報の箱を頭の中につくって、話を聞きながら、箱の中に振り分けていくのです。箱に振り分けながら話を聞いていると、何が話の幹なのか、そこに何が足りないのかということがわかりやすくなります。

図2−3 相手の話を情報の箱に振り分けていく例

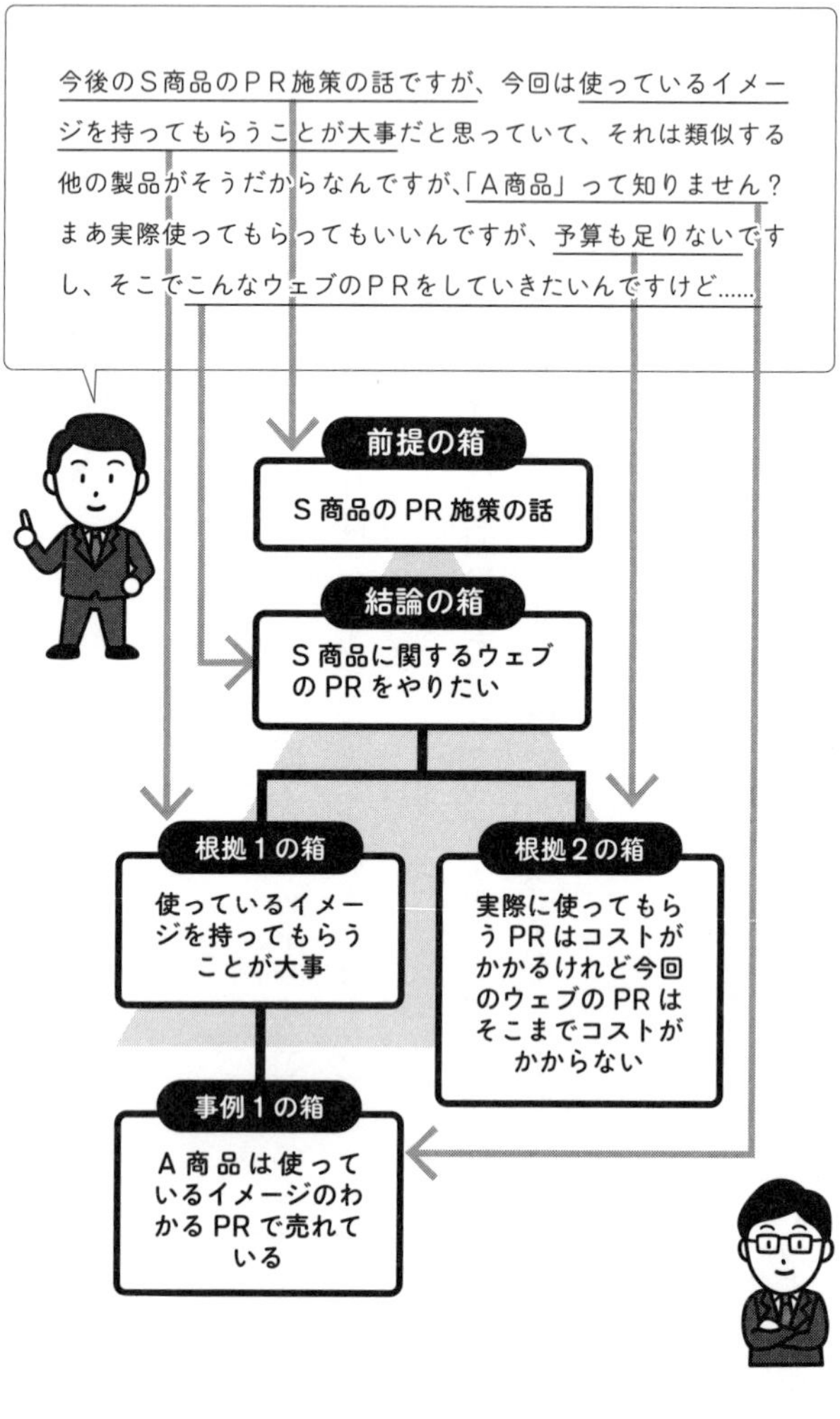

今後のＳ商品のＰＲ施策の話ですが、今回は使っているイメージを持ってもらうことが大事だと思っていて、それは類似する他の製品がそうだからなんですが、「Ａ商品」って知りません？まあ実際使ってもらってもいいんですが、予算も足りないですし、そこでこんなウェブのＰＲをしていきたいんですけど……
前提の箱
S 商品の PR 施策の話
結論の箱
S 商品に関するウェブの PR をやりたい
根拠１の箱
使っているイメージを持ってもらうことが大事
根拠２の箱
実際に使ってもらう PR はコストがかかるけれど今回のウェブの PR はそこまでコストがかからない
事例１の箱
A 商品は使っているイメージのわかる PR で売れている

何を言いたいのかわからない相手なら、一緒にピラミッドをつくってあげる

一生懸命話してくれているのに、何が言いたいのか、いまひとつわからない……そんなふうに感じた経験はないでしょうか。

そんなときには、ピラミッドを一緒につくってあげると、相手も話しやすくなります。

「さっき言っていたことに加えて、こういう根拠もあるんですね」

「今、結論が出ていないけど、つまり、こういうことでしょうか？」

というようにです。

相手の話を聞きながら、結論・根拠・事例の箱を頭の中につくって、一つひとつの話を箱に振り分けていくのです。

そして、「結論がないな」と思ったら「**なぜそう考えられたのですか？**」と聞いてあげたり、事例がなければ「**たとえば、どういうことですか？**」と足りないところを補ったりして整理すると、相手も話しやすくなります。

話が長い人の話をどう聞くか

逆に、根拠らしき話ばかりが続いて、何が結論なのか、なかなか話してくれない人。「Y屋の牛丼は出てくるのが早くて、味も美味しくて、それで店員さんも……」などと話はするけれど、一向に前に進まない。

そんなときも、頭の中にピラミッドをつくっていれば、結論を推測して投げかけることができます。

「ということは、ひょっとして、あなたはY屋の牛丼が大好きなんですね？」と水を向ければ、「そうなんだよ！　私の言いたいことをわかってくれてありがとう！」という流れになるかもしれません。

この聞き方をしていれば、わけのわからないまま終わらず、相手が言いたかったことを引き出すことができます。

話しながらこんがらかってしまったり、関係のない話をはじめてしまうような人もいます。

たとえば、「御社のサービスはいいんだけど、やっぱりコストがね。最近オフィスの引っ越しで便利な場所に来たんだけど、このへん土地が高いでしょ。何年か前は安かったらしいけど。オリンピック前に上がったみたいね。そうそう、オリンピックといえば～」などと話がはじまったとして、それをそのまま聞いていると、こちらも何の話だかわからなくなります。

しかし、「コストの話＝サービスを導入してくれないことの根拠」であると意識していれば、

「そうですよね。それで、さっきおっしゃっていたコストの話ですが、どのくらいならご負担にならないですかね」

などと言って、根拠のところに話を戻すことができます。

こうして整理しながら聞いていれば、合間に子どもの話や、あまり関係なさそうな思い出話が入ってきても、「これはピラミッドとは別の余談なんだな」ということがわかります。すると、なかなか結論が出てこなくても、イライラせずに済みます。

図2-4 相手の言いたいことがわからないときは？

話があちこちに飛んでいる気がする場合

- 「さっき言っていたことに加えて、こういう根拠もあるのですね」
  「これも、先ほどの話の具体例になるのですね」と整理する
- 「そうですね～。ところで先ほどの〇〇の話ですが……」と戻す
- あまり関係のない話は、頭の中の「余談」の箱に置いておく

結論がわからない場合

- 「つまり、おっしゃりたいのはこういうことでしょうか？」
  「ひょっとして、おっしゃりたいのはこういうことですか？」

  と確認する

理由がわからない

- 「どうしてそう思われたのですか？」と尋ねる

具体例がない

- 「たとえば、どういうことですか？」と質問する

前提がわからない・前提がずれている気がする

- 「もしかして、今話しているのは、〇〇ではなくて、××の話でしょうか？」
  「ごめんなさい。〇〇の話ではなかったでしょうか？」

  と確認する

話がかみ合わないときは、隠れた前提を確認する

相手の話が理解できないときは、話がかみ合わないことも多いです。

話がかみ合わない感じがするときに起こっていることとして「隠れた前提がある」ということがあります。

一応、ピラミッドは双方でできているはずなのですが、何かぎくしゃくしている気がする。そうしたときは、「前提」を確認してみてください。

たとえば、

「もしかして、今話しているのは、オンラインでの販売の話ではなくて、実店舗のお話でしょうか？」

「もしかして、今話しているのは、あなたのお子さんの話ではなくて、配偶者の話？」

などと聞くことで、お互いの認識を合わせることができます。

実際にピラミッドの構造は同じでも、その素材がセメントじゃなくてアスファルトで

できてますとか、エジプトではなくてメキシコに建ってましたとか、そんなことがあるのです。

前提は確実に共有するようにしましょう。

こちらが話す側であれば、「～の話なのですが」と最初にはっきり示すことが大事です。

相手は「ただ話をしたい」のか、「解決したい」のか

なかには、結論もなければ根拠もない人もいます。

商談やプレゼンテーションの場だったら、困ってしまいますが、日常生活の中ではよく耳にするのではないでしょうか。友達同士、家族同士で話すときには、結論や根拠もなく、起承転結もない話がほとんどです。

ピラミッドというのは、相手を動かすときに必要なものです。そうした場面とは別に、ただ話を聞いてほしい場面というのもあるわけです。

ヤフーでは週に1度、マネージャーとメンバーが1on1ミーティング（1対1で行

なう対話）を行ないます。もちろん仕事の話をすることが多いですが、「最近どう？」「いや、実はプライベートでショックなことがあって、そっちが気がかりなんですよね……」といった感じで、とりとめもない話をすることもあります。

そういうときは、頭の中のピラミッドを一旦捨て、「うん、うん」とうなずきながら、相手の話を受け止めることに集中します。

誰でも、嫌なことがあったり、逆に嬉しいことがあって、とにかく誰かに聞いてもらいたいと話したのに、「うん、それで結論は？」「どうしてそう思ったのか、根拠がわからないよ」と言われたら、カチンとくるのではないでしょうか。

恋人や友人同士の会話で「上司がこんなむかつくことを言うのよ。私も一生懸命頑張ってるのに、ひどいと思わない？」と、ただ共感してほしいから話をしているだけなのに「それは相互理解のためのコミュニケーションが足りないのではないか。それを解決するには、まず第一に……」などと、問題解決のための方法を伝えてしまい、「あなたは何もわかっていない！」と言われるような経験も、皆さん、ありませんか。

相手が「ただ話をしたいのか」、それとも「問題を解決したいのか」ということを見極めて、「聞く力を切り替えること」が大事です。

マネジメントにおいて、メンバーがいきいきと仕事ができる環境をつくることは大事な仕事の1つですから、メンバーが抱えている問題をロジカルに解決するサポートをするのと同時に、精神的にもよいコンディションで働けるようにケアする必要があります。そのために、相手が抱えている感情的なモヤモヤを解決するサポートをしたいのですが、感情的なモヤモヤはロジカルに解決することはできません。

マネージャーがずっと左脳型の「聞く力」ばかりだと、メンバーは「ちょっと困っていることがあるんだけど、ちゃんとした結論も出ていないし、もう少し考えてからにしよう」などと思って、なかなか相談してくれなくなるかもしれません。「あの人に言っても、理詰めで返されるだけだから、きっとわかってくれないな」と考えてしまうからです。

ピラミッドを一緒につくる左脳型の「聞く力」。受け止めて、共感することにフォーカスする右脳的な「聴く力」。この2種類が必要なのだと思います。

図2−5 左脳型の聞き方と右脳型の聴き方

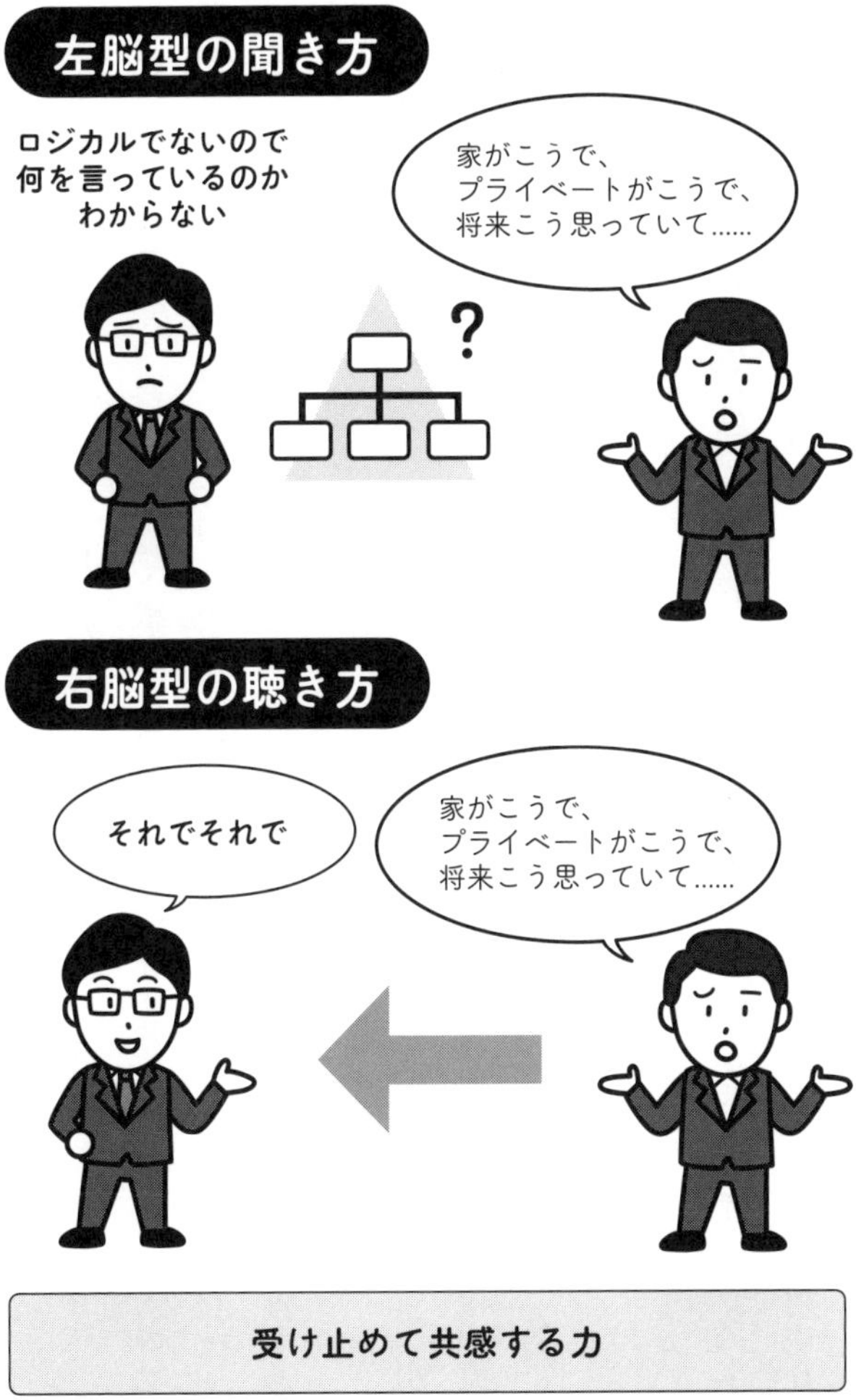

左脳型と右脳型の聞き方、聴き方

ここで少し左脳型の話の聞き方と、右脳型の話の聴き方を考えてみましょう。

ピラミッドをつくったり、結論・根拠・事例の箱に整理するというのは、人の話を左脳で聞くことです。少し観念的な話でいえば、ピラミッドで理解するというのは、「二次元」で物事を理解するということです。縦に結論・根拠・事例という抽象化の軸があって、一番下の「事例」の部分には横への広がりがあります。

一方で右脳は、直線的です。だから、「コストが高いものは受け入れられない」↓「引っ越しして家賃が高い」↓「この辺の相場は高くなった」みたいなその人ならではの直線的な話し方になることがあります。これは、右脳で考えることは感覚中心であるため、言語にすると、とてもシンプルになってしまうのです。

ここは、迷走していようが何をしていようが、その話を一応全部受け止める、というのが右脳的な聴き方だと思います（ただし、おかしなつながり方になっていたら、「そこは関係がないな」と気づけますので、無限のマイナスループから抜けられる可能性があります）。

優れたファシリテーターは「ピラミッド」で聞いている

講演会やパネルディスカッションに参加すると、自分がやることも多いので、ファシリテーター（進行）の話し方にどうしても注意がいきます。

僕がすごいなと思ったのは、グロービス経営大学院学長である堀義人さんのファシリテーションです。

ゲストスピーカーを招いて、堀さんが対談の進行を務めていたのですが、聞いているうちに、ふと気づきました。ゲストに投げかけている質問、話の内容は、もし文字に起こしても、そのまま記事になりそうな構成だったのです。

つまり、最初に結論を聞く。相手が話したら、「なるほど、その根拠1は何ですか」「根拠2は何ですか」と、極端にいうと、そういう聞き方をしているのです。

きっと堀さんの頭の中にもピラミッドが明確にあって、結論の部分、根拠の部分というように無意識のうちに考えながら聞いているのだと思います。

プレゼン資料をつくるとき、主要なメッセージだけをつなげてストーリーにしていくのですが、堀さんの質問をつなげていくと、スライドのメッセージのようになります。ですから、そのまま記事の見出しのようになる。

「つまり2つ目の根拠は何でしょうか」「2つ目の根拠に関する具体例について聞きたいのですが」「じゃあ3つ目の根拠はどうでしょうか」という構成で質問しているので、活字に起こしたとき、わかりやすい構成になるのだと思います。

人に何かを伝えたいと思ったら、ピラミッドをつくって伝えるとわかりやすい。これは『1分で話せ』でもお伝えした通りです。

自分が話すことと、人の話を聞くことは、同じコインの表裏です。であれば、人の話を聞くときも、ピラミッドを活用したほうがよい。そのことがわかった瞬間でした。

頭の中に箱をつくって、相手の話を聞く技術を身につけることで、インタビューの達人にもなれるかもしれません。

第3章

実践編
「伝える」基本

伝える基本

ピラミッドでやりとりをしよう

自分の思っていることを、うまく伝えられない。何を言いたいのか、わからないと言われてしまう。こんな悩みをよく聞きます。

そもそも、伝えたいことが相手に伝わっていないとき、何が起こっているのでしょうか。

自分の頭の中にあるピラミッドを相手に理解してもらう。相手の言いたいことをピラミッドで理解する。ロジカルなコミュニケーションは、その繰り返しだ、ということをお話ししました。

伝えたいことが相手に伝わらないのは、自分の頭の中にあるピラミッドが相手に見えないからです。ピラミッドの構造自体があやふやだったり、ピラミッドとは関係のない情報に埋もれてしまったりすることで、「結論＋根拠」のつながりがよくわからなくなり、

図3-1 伝わるピラミッドと伝わらないピラミッド

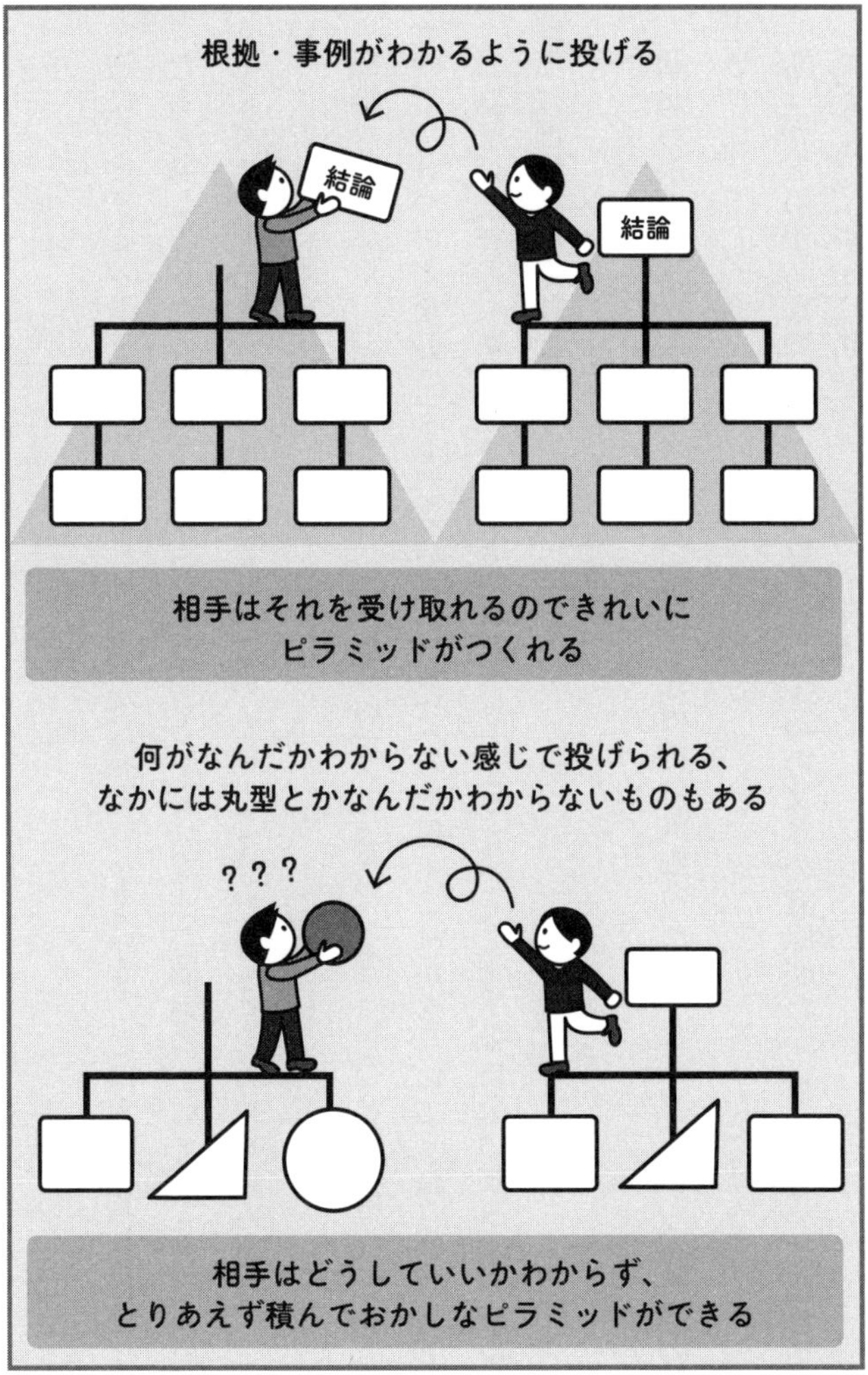
根拠・事例がわかるように投げる
結論
結論
相手はそれを受け取れるのできれいに
ピラミッドがつくれる
何がなんだかわからない感じで投げられる、
なかには丸型とかなんだかわからないものもある
???
相手はどうしていいかわからず、
とりあえず積んでおかしなピラミッドができる

ピラミッドを見失ってしまうのです。

逆に、ピラミッドさえ明解であれば、何が言いたいかということは大体わかります。たとえ話し方がたどたどしくても、ちょっとくらい文法が間違っていても、敬語がおかしくても、ピラミッドが明確なら、「この人は、こういうことを言いたいんだな」ということは伝わります。

極端な話ですが、「頭の中に大きな箱を描いてください。そこに入る結論は○○です。その下に3つの箱を描いてください。そこに入る根拠をこれから言いますね」というように話せば（普通、あまりそういう話し方はしませんが）、相手は自分のピラミッドを確実に理解してくれます。

話がわからなくなるのは、「今の話は、どの箱に入るのだろう？」とわからなくなるときです。

ちょっとわからない単語が出てきたり、1つの文章の意味がわからないというだけであれば、人は案外、聞きながら補正して、理解してくれます。

でも、どの箱に入るのかわからないという事態が2つ、3つと重なってくると、話のパーツがどうつながるのかわからなくなり、結果として、ピラミッドが見えなくなってしまいます。「この人は一体、何を言っているのだろう?」という状態のときは、こんなことが起こっているのです。

こうしたすれ違いをどうなくしていくのか、仕事でよくあるケース別に紹介していきましょう。

ケース1

聞いていても、相手の話がよくわからない

マネージャーが突然話を振ってくるうえに、いろいろと話が飛ぶのでよくわかりません。よくわからないので、質問をしようにもできなくて。なんとなく「こういうことかな」と思って仕事をしているのですが、いつも曖昧なまま進めていて気持ちが悪いです。

POINT ↓ ピラミッドを埋めながら、わからないところは質問する

POINT ↓ 「こういう解釈でよろしいでしょうか？」と確認する

POINT ↓ 質問の3つのパターンで相手の話を理解しよう

相手の話がよくわからない。これは様々な場面で起こることです。

前章でお話ししましたが、聞く側は、それぞれの話がどの箱に入るのかを意識しながら聞いていくことをおすすめします。

根拠以外にも「背景」や「前提（なぜその話をするのか）」といった話もあると思い

ますので、そこを整理しながら聞いていきます。

たとえば、こんな感じです。

マネージャーが自社商品のポスターについて意見を求めてきました。


マネージャー：うちの会社のポスターどうかなあ？

今のだと本当に見てくれている人がいるのかなと気になっているんだよね。

で、○社の広告を見たら人気絵本作家のイラストを使っていて話題になっていたじゃない。

その作家さんが好きだったらやっぱり目が向くと思うんだ。

だからツイッターとかで人気の漫画家さんなら口コミをつくってくれるんじゃないかと思って。

で、どうかな？


「『どうかな？』って何？」と思わず聞き返してしまいそうな話し方ですが、これを、聞きながら箱に分けていくとこんな感じになるでしょうか。

マネージャー：うちの会社のポスターどうかなあ？ ↓ 前提

今のだと本当に見てくれている人がいるのかなと気になっているんだよね。

↓ 前提

で、〇社の広告を見たら人気絵本作家のイラストを使っていて話題になっていたじゃない。

その作家さんが好きだったらやっぱり目が向くと思うんだ。↓ 根拠1

だからツイッターとかで人気の漫画家さんなら口コミをつくってくれるんじゃないかと思って。↓ 根拠2

箱に整理すると、次ページの図3-2のようにまとめられます。

結論は、ずばり言っているわけではありません。そこで、「『どうかな』って聞いてくるということは、何か決めて進めたいことがあるのだから、それが結論といえるのかな」というところから、「自社商品のポスターのイラストレーターにツイッターで人気の漫

図3-2 何が言いたいのかわからない話をピラミッドにまとめる

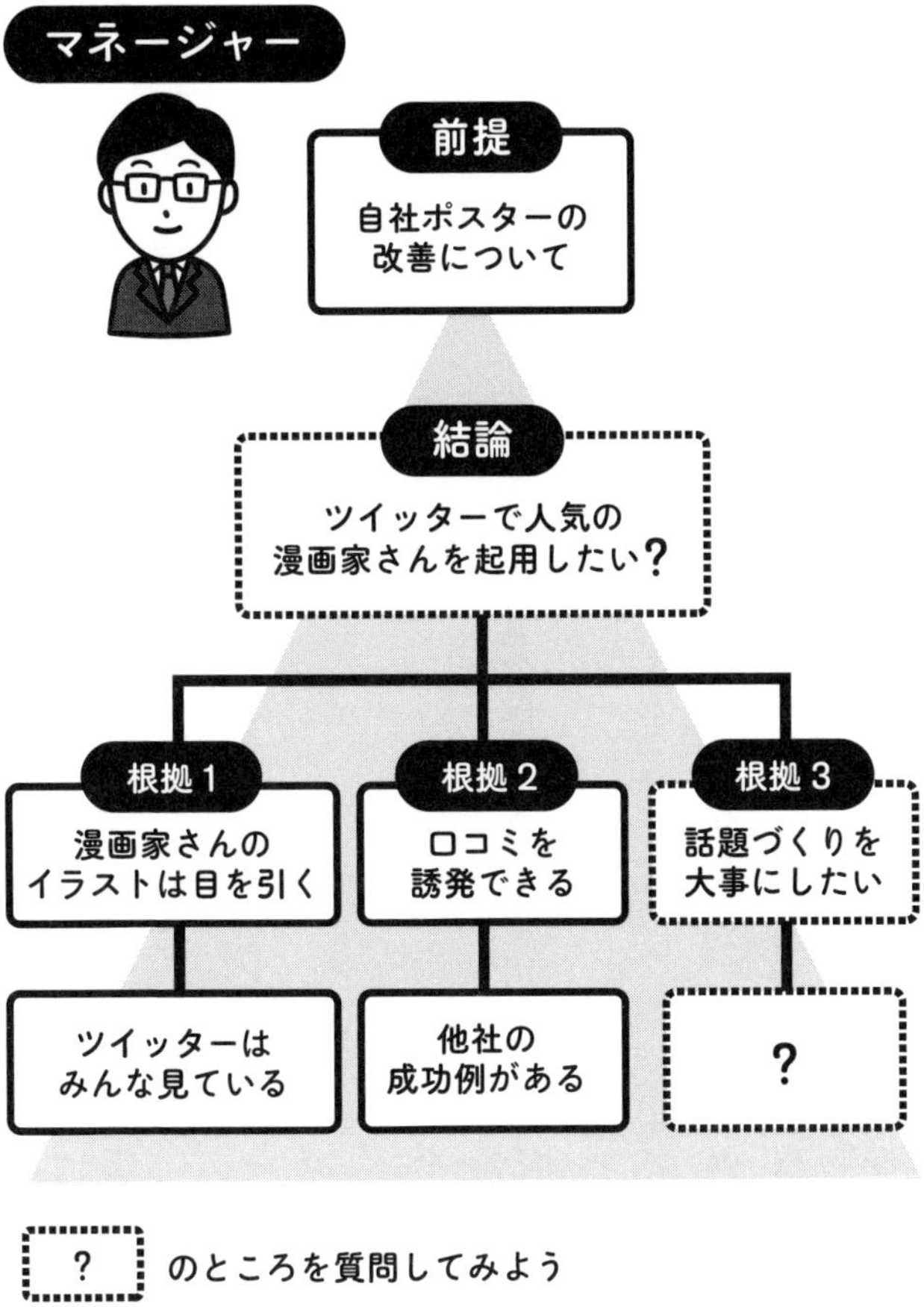
マネージャー
前提
自社ポスターの
改善について
結論
ツイッターで人気の
漫画家さんを起用したい？
根拠１
漫画家さんの
イラストは目を引く
根拠２
口コミを
誘発できる
根拠３
話題づくりを
大事にしたい
ツイッターは
みんな見ている
他社の
成功例がある
？
？
のところを質問してみよう

画家さんを起用したい」と、マネージャーは言いたいのではないかという仮説を立てて「?」をつけています。

そして、根拠としては、この1、2が出てくるので、それぞれについてわからないことを聞きます。

話している側もあまりまとまっていないことを、こちらでピラミッドを用意して、整理しながら聞いてあげるわけです。

この例なら、

「弊社商品のポスターにツイッターで人気の漫画家さんを起用したい、ということですか?」

「なぜ、今のポスターで効果がないとお考えなのですか?」

「口コミをつくってくれるとおっしゃっていましたが、確かに○社の商品は人気絵本作家さんを起用したということをリツイートする人が多かったですよね(根拠となる事実としてはそういうことですか?)」

と聞いて、ピラミッドを埋めていけば、明確になっていきます。

「何言っているかわからないから質問のしようがない」

質問しようと思っても、「何を言っているかわからないから質問のしようがない」と感じたことがある方も多いのではないでしょうか。話している人から、「わからないことがあったら聞いてね」と言われても、そもそも相手の話がわからなければ質問もできません。

僕も30歳を超えるぐらいまで、「わかるようなわからないような状況で、全部わかるとは到底言いがたいんだけど、どう質問していいかわからない」みたいなことは、めちゃくちゃありました。

これは頭の中に「ピラミッド」がないから。だから、能動的に質問をすることができないのです。

この「ピラミッド」を意識せず、ぼーっと聞いていると、「うちのポスターどうかなって部長が言っていたわ」「まあいいんじゃない」みたいなことで終わってしまうのですね。もしくは、仕事の指示であれば「まあこんなことかな」と曖昧なまま進めてしまって、あとでずれに気づいて、大変なことになることもあります。

でも「ピラミッド」をイメージしながら聞いていけば、「相手が話しているのはこういうこと？」と自分の中で仮説を立てられます。するとその話の何がわからないかが明確になり、質問すべき内容に自信が持てます。

たとえば、先ほどの例であれば、

「『見てくれている人がいない』というのは、あまり話題になっていない、ということだと理解したのですが、どうですか？」（根拠の確認）

「ツイッターで人気の漫画家さんだと口コミがつくれるというつながりがわからないのですが、どうですか？」（つながりの確認）

「ツイッターで人気の漫画家さんを起用したいということだと解釈したのですが、いかがですか？」（結論の確認）

と質問がしやすくなります。「この人の言っていることは結論がない」とか、「根拠がおかしい」とか、「今、話がずれてきている」と気づきながらも、話をさばいていけるわけです。

慣れるまで時間がかかる方もいるかもしれませんが、ここをきちんとやっていくことが大事です。

「偉い人」の話がわからないときは……

「『偉い人』の話は、わからないけれど質問できない」ということもあります。

もうそれは**「THE・忖度」**です。

そういうことを考えるから、話がおかしな方向にいっても修正されないんですよね。

なぜ「偉い人」の話がわからないのかというと、周りが忖度して質問しないからです。

「偉い人」は、様々な経験値が自分の中でたまっていますが、「他の人にもその経験値が共有されているはずだ」と勝手に思い込んでいて、かつ忙しいから全部は話さずにはしょることが多いように感じます（年をとって丁寧に説明するのが面倒くさくなってくる方もいるかもしれません）。いろんな理由があってショートカットしてしまうわけです。

でもそこで「質問しない」というのが、まさに「THE・忖度」そのものなのです。

確かに「その話ちょっとわかりません」とは聞きづらいかもしれませんが、ロジカルに「そのお話について、私は社内のこんな事例をもとにこう解釈したのですが、どうでしょうか」という聞き方で尋ねたら、大抵の人はきちんと答えてくれると思うのです。

逆に、「なんだかよくわからなかったな」という状態のまま放置しておくと、あとでさらにわからなくなります。そして、「いや、これ今更聞けないじゃん」という状態になっていくと、コミュニケーションがどんどんぶれていきます。

だから、「頭の中でピラミッドに整理して聞く」ことをして、早めに「私としてはこういうふうに捉えたんですけど、どうですか」という質問をしたほうがよいのです。

僕も昔は「実は、この人めちゃくちゃ難しいことを言っているのかな」と思ってそのままにしてしまったことがよくあったのですが、きちんと聞いていけば、そんなに難しいことはありません。「結論＋根拠＋たとえば」で聞くだけなので、誰でも必ずできると思います。

相手の話がよくわからないときに、もう1つできることは、相手にたくさん話してもらうための努力をする、ということです。

相手も無反応だと話してくれなくなるので、「うんうんうん」「おお」と合いの手を入れたりうなずいたりして反応することも大事だったりします。

また、質問をして相手の考えを知ることも大事です。

ピラミッドから質問で話を広げる方法

「質問が苦手」という方は多いと思います。

でも、ピラミッドで考えていけばそんなに難しいことではありません。

次ページ図3-3に「聞くパターン」を示しました。これは質問する技術をまとめたものです。

図3-3 質問する技術

① **ピラミッドを埋める**

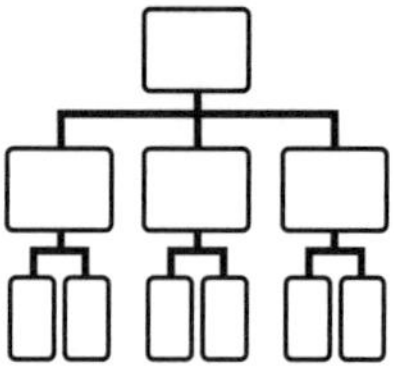

② **話を膨らませる**

（1）**広げる**
「ほかには？」

（2）**深める**
「もう少し詳しく教えて」

（3）**まとめる**
「つまり？」

③ **ストーリーをつくる**

（1）**振り返る**
「なんで？」

（2）**先の話を聞く**
「それで？」

1は、ピラミッドで質問する。

これは先ほどお話しした内容ですね。

2は、話を膨らませる質問です。

ここには⑴広げる、⑵深める、⑶まとめる、という3つがあります。

「広げる」というのは、「今この話をしているけれど、他にも似たようなことがあるかもしれない」というときに、**「他には、何かありますか？」**と聞いて広げます。

「深める」は、**「もう少し詳しく教えて」**と聞いて、深掘っていく質問です。

「まとめる」というのは、**「つまりこういうことですか？」**と聞いて、様々な事象を抽象化してまとめていく聞き方です。

３は、ストーリーをつくる質問で、過去に関する「何で？」という質問と、未来に関する「それで？」という質問があります。

３は、好奇心に基づく質問、ともいえます。

「何でこの人はこれについて話しているんだっけ」と思ったら、「何で、そうお考えなのですか？」と過去にさかのぼって質問します。すると、その人の背景とか、この課題の背景が見えてきます。

逆に未来のことがわからないときは、「So WHAT？」つまり「それで、どうなるのですか？」と未来に向けて聞くわけです。そうすると、過去（何で？）↓現在↓未来（それで？）と全体がストーリーになります。

これは、質問のパターンとして覚えておくとよいでしょう。

まず、１の質問で話の骨子を理解する。聞く側も腹落ちできないとわかりませんから、ピラミッドで理解するところからはじめます。

そして話を膨らませたり、ストーリーを明確にするために、２や３の質問をしていきます。

もうお気づきの方もいらっしゃると思いますが、
「広げる」は、ピラミッドを横に広げる質問、
「深める」と「過去について聞く」は、ピラミッドを下に掘っていく質問、
「まとめる」は、ピラミッドを上に上る質問です。

たとえば、根拠が少ないなと思ったら「他には?」と言って広げられますし、相手が「俺はとにかくこれをやりたい」と結論しか言わない人であれば、「何で?」と聞けばピラミッドは下に下がってくる。逆に「たとえば〜」と例ばかり話す人に、「つまりどういうこと?」と聞けば、ピラミッドの上に上がっていきます。
すると、質問もいろいろできます。

そして最後に、そのピラミッドの過去(背景、経緯)と、未来についての質問により、ストーリーとして理解できるようになります。

ケース2

話がずれて伝わっている気がする

お客さんと話したりプレゼンをしているときに、どうも話がずれて伝わっていることがあるように思います。どうしたら、回避できるでしょうか？

POINT ↓「そもそも何の話か」を確認する

POINT ↓相手のうなずきを見ておく

POINT ↓直接「わかりますか？」とは聞かない

お互い、違うピラミッドで考えていない？

今度は伝える立場での話をしましょう。

きちんと話しているつもりなのに、相手の反応からどうも違うふうに解釈をされている気がする。話がおかしな方向に進んでいくなと思ったら、「前提」を疑ってみることが大事です。
たとえば、次の対話例を見てください。

【事例】
A：効率化のために新しいツールを入れたいのですが。
B：いいけど、予算が高いから事前に稟議申請が必要で、時間がかかると思う。
A：いえそんなに高いものでなくて、ブラウザで動くような簡単なものです。
B：でも苦手な人もいるから。
A：いえ、使うのはこっちなんで。
B：こっちって？？？

ちなみにそれぞれのピラミッドは、こんな感じになっています。

〈A〉

結論	すぐできるから使わせてほしい
理由	安価、すぐできる、効率的
前提	個人の効率化のために入れたい

〈B〉

結論	難しい
理由	高い、時間がかかる、面倒
前提	グループで使うツールは自分で決裁できない

何かがずれていると気づいたら、それぞれのピラミッドを確認してみること。そして「そもそも何の話か」を確認するのが1つの方法だと思います。

「相手がわからなくなっている」ことに気づこう

ずれているだけでなく、相手を置いてけぼりにしていることもあります。

この相手の「わからなくなっている」という状況はうなずきにも現れます。さっきまでうなずいてくれていた人の反応がなくなったり、時には首をかしげる人も出てきます。

これは「わかっていない」というサインです。

そんなときは、僕はそのつど確認するようにしています。

大勢を前にしたプレゼンテーションのときはなかなかやりづらいですが、それでも相手のうなずきは見ておいたほうがよいでしょう。相手のうなずきがあるレベルでちょっと少なくなったな、と思ったら、これは「わからなくなってきている」というサインです。

そんなときは「ちょっと今わかりづらかったかもしれないので改めて説明します」と説明しなおしてみて、うなずきが戻ってくればOKです。

「わかりにくい話をしちゃいました」とへりくだって話す

「わかりますか？」と聞くのではなく、へりくだって「**わかりにくい話をしちゃいました**」と言うのもよいと思います。

自分は高いところにいて、「あなたは理解力があるかどうかわからないけど、ここについてきていますか」というスタンスではなく、「駄目な私が説明したから、わかってもらえなかったかもしれなくて残念」という言い方です。すると、相手も「うん、大丈夫。でも、ここがわからなかったよ」と言える。常に相手を立てて話すことが大事です。結局コミュニケーションは、相手の立場に立つ。相手に寄り添う。「あなたをリスペクトしています」という姿勢がめちゃくちゃ重要です。

話すのは大変かもしれませんが、相手も「自分の言っていることをわかってもらう」という重労働をしてくれているわけです。それだけでも大変なので、「いやもう本当にごめんなさい。こんな重労働をあなたに強いちゃって」というスタンスで、話していくとよいと思います。

ケース3

そもそも目上の人に言いづらい……

同僚や友人と話すのは問題ないのですが、上司など目上の人と話すのが苦手です。会議などで意見を求められたとき、言いたいことは頭の中にあるのですが、うまく話せません。

POINT ↓ ランチに行くなど、話しやすい環境をつくろう

立場が上の人と話しづらい。ありますよね。

ただ、僕もマネージャーなのでわかりますが、マネージャーの立場からすると、意見を求められたときにきちんと表明してくれないのは「スタンスがわからん！」と思ってしまいかねません。

メンバーに意見や報告を求めるのは、任せている仕事がきちんと進んでいるか、もし何か問題があるなら、何が問題なのかを早めに把握したいからです。それがまったくないと、マネージャーも不安になります。

もちろん、マネージャーとして、部下が発言しやすいように心理的安全性をつくり出すのは大切なことです。でも、マネージャーに任せっぱなしにするのではなく、メンバーからも歩み寄る必要はあると思います。

そもそもマネージャーというのは、単なる機能に過ぎません。本来フラットな存在ですから、自分の役割や機能を粛々と果たすことが必要です。

心理的安全性をつくるための方法は2つあります。

1つは**「環境をつくる」**ということです。

「ランチでもどうですか」といったことも、やれるのであれば全部やるべきでしょう。具体的にそうやってコミュニケーションをする場を事前につくればつくるほど、接触頻度が高ければ高いほど、心理的安全性が確保された関係になりやすいです。

もう1つは、**「自分という人間を理解してもらう」**ことです。

話しづらいと感じてしまう原因の1つは、相手のことがよくわからないためです。「こんなことを言ったら、気分を害してしまうんじゃないか」「考えが足りないと思われるんじゃないか」「いきなり怒りだしてしまったらどうしよう」という不安があるから、だったら黙っていようということになる。

それを防ぐためには、「自分って、こういう人間なんです」ということを日頃から開示しておくことです。

「つくり込んだ意見じゃなくていいから、結論ファーストで言ってくれたほうが嬉しいんです」とか、「その分、自分でもずけずけ言っちゃうけど、悪気はないです」とか、「こう見えて、結構抜けているから、どんどん突っ込んでほしいのです」といったことがわかれば、話しやすいと思いませんか？

人間性やコミュニケーションスタイルだけでなく、思考のプロセスもなるべく開示していくなど、なんせオープンであることが大切です。

僕は、自分が今何を考えているか、どういう状態にあるかということを、途中経過も含めて意識して伝えるように心がけています。

「ちょっと今理解が追いついていないから、んーと、ちょっと待ってください」

「この時間までランチ食べていなくて、だから、食べながら話し聞いてごめんなさい」

というようにです。

同じように考え中であったとしても、黙って考え続けていると、相手は「あれ？　この人もしかして怒っている？　何か気に入らないことがあるのかな？　何を考えているのかよくわからないな」と思われてしまいます。「ちょっと理解が追いついていないから」というように、現在の状態がわかれば、たとえ結論は変わらないとしても、その場にいる人が安心してくれます。

そもそも、コミュニケーションの原点に立ち返ったときに、どんな状態だったら相手が進んで話したいと思ってくれるのかを考えたら、自分という人間について理解してもらっているときだと思うのです。

たとえば1on1ミーティングで、メンバーに「何か困ったことない？」と聞いても、よくわからない人間相手に突然、腹を割って話しませんよね。自分という人間を知ってもらって、はじめて「実はちょっとプライベートが立て込んでいて、集中力が落ちてぃたと感じているんですよね」などと話してくれるようになるのだと思います。自分を理解してもらう努力をしないまま、「さあ、なんでも話してくれていいんだよ！」といくら言ったところでそうはなりません。

ですから、「この人のことをわかっているから話せるな」と相手が思ってくれるような状況をつくることも、職場の心理的安全性をつくり出すために必要なことだと思います。理解力のあるマネージャー・メンバーを演じるということではなくて、「自分という人間はこうなんだ」ということをさらけ出す。「ここはわかってくれそうだな」「ここは意見が合わなそうだな、理解してもらうのは難しいだろうな」というところも含めて、相手に理解してもらうということです。

第 4 章

実践！
説得・提案・
プレゼンのルール

説得・提案・プレゼンのルール

右脳と左脳の両方を動かす

ここでは、説得・提案・プレゼンについてまとめます。

なかでも、プレゼンは、スライドを使って人前で一方的に話すことも多いですから、普通に話すときとその作法は変わってきますが、より「左脳（ロジック）」と「右脳（感情）」の両方を動かしていくことを意識するとよいでしょう。

相手の左脳と右脳を刺激しながら「相手を動かしてなんぼ」がすべてです。

ロジックは、ピラミッドの構成です。最低限ここがしっかりしている必要があります。ロジックがしっかりしていると、聞いている人は左脳で理解することができます。

でも、ロジックだけでは人は動きません。人は感情が揺さぶられると、動きやすくなるものです。相手の頭にイメージを浮かばせて、あなたが話すことが現実になったら、どんないいことが起こるのか、ということを想像してもらうことで、ワクワクしてくる

図4-1 説得・提案・プレゼンの基本の考え方

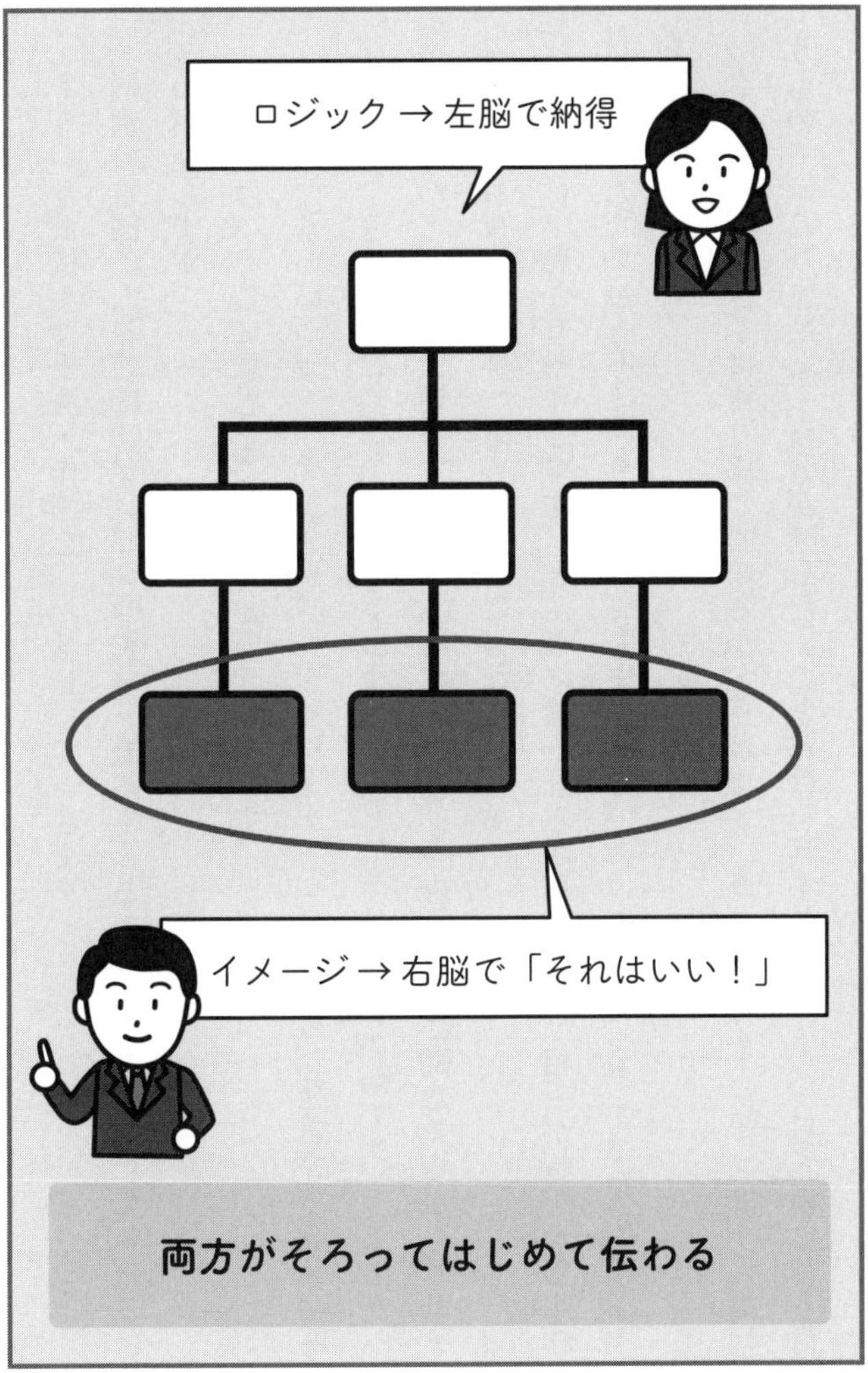

のです。

そういった様々な手法・作法を、お話ししていきます。

個別の事例に入る前に、プレゼンや説得・提案するときに僕が大切にしていることを3つ紹介します。

1つ目は、そこに意思をこめる、ということです。

「どっちでもいいです」「みんなと同じでいいです」と言うなら、発言する意味がありません。たとえ結果的に同じだったとしても、「自分はどうしたいのか」ということがベースにあるかどうかが大切です。突き詰めていけば、多少大げさに聞こえるかもしれませんが、それは「生き様」ということにつながります。

2つ目は、わかりやすさです。どんなに強い意思があっても、相手がわかってくれなければ、ただのひとりよがりになってしまいます。スッキリ・カンタンでわかりやすく、を心がけています。

3つ目は、聞き手に寄り添っているかどうかです。コミュニケーションは一人で行なうものではありません。自分が話したいことだけを話すのだったら、日記帳にでも書けばいいことです。対話であれプレゼンであれ、そこには必ず相手がいます。自分が話していることは、相手のニーズに合っているか、関心を持ってもらえるかということは、たえず意識しています。

寄り添うというのは、別に難しいことではありません。たとえば自分が話しているとき、それまでうなずきながら聞いてくれていた相手が首をかしげていたら、わかりにくかったかな、ちょっと戻って説明したほうがいいかな、少しスピードをゆっくりにしたほうがいいのかなと思いますよね。それが「聞き手に寄り添う」ということです。

意思をこめ、わかりやすく、聞き手に寄り添うこと。この3つがコミュニケーションにおいて僕が大事にしていることです。

ケース1

ロジックは完璧なはずなのに伝わらない

データもそろえ、ロジックも完璧なものにしているはずですが、なかなかプレゼンが通りません。

POINT ↓「自分たち自身のこと」「成功と実績」「『たとえば』の事例」でイメージを伝える

POINT ↓ 相手はワクワクしたいのだと理解しよう

「考えて、決めて、伝える」が、プレゼンの流れです。

「何を伝えるのか」が決まっていなければ、そもそも伝わりません。

伝えたいことが決まり、ロジックも整理されていて、データもしっかり用意されている。

それなのに、なぜ伝わらないのか、という話をしていきます。

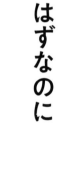

あなたは誰で、これからどうしたいのか

僕は、スタートアップや大企業などの、多くの方にプレゼンの指導をしています。そこでよく感じるのは、「何か足りない」ということです。

『1分で話せ』では、「結論」と「根拠」と「たとえば」で相手の左脳と右脳を動かすことが大事だとお話ししましたが、大抵の場合、「結論」と「根拠」は、皆さん、それなりに用意しています。

では、「何が足りないのか」というと、多くの場合において、相手に「イメージ」を持たせるということです。

順にお話ししていきましょう。

・自分たちは何者か

特に社外の方へのプレゼンで思うのが、まず「自分たちは何者で、どんなことをやっているのか」という説明がないことが多いのです。

たとえば、「私たちにはこういう背景があり、こんなサービスをつくっています」という話がなく、「世界には○○で苦しんでいる人が大勢います」と、一般的な話をしてすぐに内容に入っていってしまう。聞いている人からすれば、「この人はなぜここに立っているのか」を考える話のとっかかりが必要です。

どっちが伝わる?

× 世界にはこういう問題を抱えている人がいます。
今回紹介するサービスは～

○ 私たちはこういう背景でこういう集団です。
今回紹介するサービスは～

・成果と未来に関する話

次に足りないのが、どういう経緯があり、どんな成果を出しているか、という話です。多くの人は、さらっと表面的に話すだけで、具体的にこういうことをやりました、こういうふうに考えてチャレンジしたところ、こうなって成果が出ました、こんなにエキサイティングなことでした、といった話が足りないのです。

この話がないと、「自分たちはこれからどんなふうに成長していく」という未来に関する話につながらなくなります。「こんなふうに結果が出たから次はこうしたいです」という説明が弱くなりますし、「これから頑張ります！」という、「まあ、そうなんだけどね」という話で終わってしまいがちになるのです。

何がすごいのか、それを自分たちはどう解釈しているのか、そしてこれからどうしたいのか、がわからないのです。

どっちが伝わる？

× 私たちのプロジェクトは○○賞をいただきました。

○ 私たちのプロジェクトは、こんな考えでスタートしたのですが、こんな成果を出し、○○賞をいただきました。今後も、こんな形でプロジェクトを発展させていきたいと思っているのです。

・「たとえば」の話

さらに、可能な限り「たとえば」という話をするとよいのですが、これが足りません。「こんなユーザーがいて、こうやって操作して使ってもらったところ、使い勝手がいいと評判で……」と実際の事例に触れれば触れるほど聞き手もイメージが浮かんできます。すると、「だったらいいね」とか「やってみようか」という気持ちが湧いてくるんです。

どっちが伝わる?

× 高齢者の方が使いやすいように、こんなに簡単にしました。

○ 手首が痛くて動かないという高齢者の方がいたのですが、普通こう操作するところを、私たちの製品ならここを押すだけで使えますよと言ったら、すぐに使いこなしていらして……。

『1分で話せ』では、マンションの営業をするときに、部屋の間取りや、近隣の状況といった「事実」を話すだけでなく、「お子さんと公園で遊べますよ」「公園はジョギングコースもありますから、休みの日の朝に走っている人も多いんですよ」と言って、相手に自分がそのマンションに住んだときの生活を想像してもらう、という例をあげました。要は、相手が頭の中に、自分がそのマンションに住んで生活しているイメージを描けるよう、その想像をするための素材をわかりやすく提供してあげるのです。

もちろん、ピラミッドの結論と根拠の部分は、必要条件として整えます。

そのうえで、相手が自ら絵を描けるような材料をいっぱい用意してきて、「こんな方向性ですね」とちょっとガイドしながら説明すると「あ、そういうことなのね」と相手の頭の中にポンポンポンポンとイメージが湧いてきます。すると、相手は自分で勝手にイメージを膨らませて、話し手の言葉をはるかに超えて、頭の中に自分の世界をつくり上げていくのです。

縦のロジックと横のイメージのバランスをとる

相手を動かすためには、そうした細かい要素を、「全体のパーツの1つ」として説明することが大事です。ただし、細かいことを適当にたくさん話す、というのではありません。あくまで全体のパーツの一部として構成することが大事です。

ピラミッドで考えれば「たとえば」は横の軸です。横軸が増えれば増えるほど、縦軸のロジックは弱くなります。「こんな例がある」「こんな例もある」とどんどん話していくと、相手は「つまり何なの？」ということがわからなくなっていきます。

ですので、ロジック、結論と根拠の部分をちゃんと言わなければいけません。この結論と根拠の部分をしっかりとさせながらも、一方で相手にイメージさせるために、例をあげていく、ということです。限られた時間でプレゼンする、というのは、**骨太でわかりやすいロジックをシンプルにバーンと伝えて聞き手に理解してもらったうえで、その他の余計なノイズはカットし、「たとえば」という話をどれだけ充実させられるか**、という勝負なのです。

ロジックをしっかりと理解したうえで、「たとえば」という事例を聞きながらイメージを膨らませて全体像が見えたときに、相手は「おお、そういうことか！」と自分の中で納得して、「ＯＫ！」と思うのです。

本当に相手が聞きたいのは、「ワクワクできること」

多くのビジネスパーソンは、イメージとロジックだと、ロジックのほうが大事と考えます。もちろん、ロジックは話を理解するためには、わかりやすい構造になっていることが必要です。でも、ロジックだけ理解してもらえれば聞き手が「うん」と言ってくれるわけではありません。

理解してもらっても、イメージが湧かなければ、聞き手は、動きません。

本当に相手が聞きたいのは、「それを使っている自分のワクワクした姿を想像したいんだよね」とか、「それで世の中のみんなが、どう笑顔になるんだっけ」ということです。でも、ロジックだけだと、その絵図が思い浮かばないのです。

たとえば「戦争反対」のメッセージを出すとします。

「人が必ず死ぬ」とか「戦争は人と人が殺し合うものだ」と言われたら「確かにそれはそうだよね、理屈としてはそうだし、悲しいことだ」と頭ではわかるのです。

でも、「あの戦争を覚えていますか。ベトナム戦争で焼け野原の中、1人で泣いて走っている子どもの姿、写真で見たことがありますよね」とイメージで伝えられると、「ああ、あれは悲惨だ」と心が動きます。それから「太平洋戦争のときに死んだ妹を背負ってるお兄ちゃんの映像を見たことがありますか」と話すと、聞いている人はイメージが湧いてくる。「人が殺し合う」ということをロジックで捉えるのではなくて、そういう悲惨さを生み出すのが戦争である、とイメージしてもらうのです。

人は正しいから動くのではなく、心を揺さぶられるから動くのです。そして、どうしたら心が揺さぶられるかというと、「誰かの経験で悲惨なことがありました」という他の人の例かもしれないし、「自分の経験でこういうことがあったんだ」という心の底からの想いかもしれません。「事実、事例」をもとに、イメージを想像することによって、人の心は動くのです。そこが足りないことが多いです。

「ロジカルなのに伝わらない」という人は、ロジックを伝えれば人は動く、と考えていらっしゃる方だと思います。ご自身がそうであっても、相手も同じとは限りません。ですので、ロジックも感情も両方ちゃんと伝えないといけません。自分の感覚でなく、相手がどうしたら動くのか、常に相手を見る（寄り添う）ということです。

どっちが伝わる？

× 今日は代理店の皆様に新たな売上増につながる販促案のご紹介に参りました。弊社商品をご購入のお客様にポイントを付与し、一定額がたまった方は、弊社が主催するイベントに参加できるというものです。会場は貴店スペースになりますが、弊社主催で有名ファッションアドバイザーを貴店にお呼びすることで貴店の新規顧客開拓につなげていただけたらと思います。

○ 今日は代理店の皆様に新たな売上増につながる販促案のご紹介に参りました。私たちは、ファッション感度の高い人向けの小規模の集客イベントを得意としていまして、以前はあるスニーカーショップとファッション雑誌とコラボをして、スニーカー好きの著名人をお店に呼んで店長と話をしてもらうことで、お店にあふれるくらいのお客様を呼んだことがあります。たとえば△△さん。あのときはすごかったですよ！ 他県からもお客さんがいらして、その方のサイン入りスニーカーを販売したら、在庫がなくなるほど売れました。店長の商品への愛着も伝わって、その後は店長と話したいというお客様が来店されるようになったんです。

この仕組みを、ぜひ皆様にも紹介したく、今回はお話の場をいただきました。

今回ご紹介するのは、弊社商品をご購入のお客様にポイントを付与し、一定額がたまった方は、弊社が主催するイベントに参加できるというものです。～～


『1分で話せ』にしては長いじゃないか！と思われるかもしれません。大事なのは、ロジック（結論と根拠）は短くする、ということです。これを最低限守ったうえで、心を揺さぶる事例は時間が許す限りたくさん話をする、というイメージを持ってください。

ケース2

大勢の人の前で話すときに気をつけたいこと

初めて10人くらいの人の前で話します。上がり症なのですが、何か気をつけたほうがよいことはありますでしょうか？

POINT → 語尾は下に押さえつけるように

POINT → 相手を見て話す

POINT → 間合いを置くと「えー、あー」が出なくなる

POINT → 1対1と1対nを意識する

POINT → 「間違ったらどうしよう」という心配はいらない

人前で話すときの作法として、目つき、発声方法、手つきなど、様々なポイントがあります。

相手に動いてもらうために、思いつく限り、ポイントを紹介していきます。

・「上から下に」話す

自信がない話し方をする人は、「下から上に」語尾が上がるような言い方をすることが多いように思います。すると、恐る恐る話しているような印象になります。

そうでなく、最初にテンションを持ってきて、最後のほうは、「下に」声を押さえつけていくように話します。そんなイメージを持って話すと、説得力が増してきます。

どっちが伝わる？

× 自信なさげに聞こえる話し方　ワインは⤴　ブドウから⤴　できています。⤴

○ 説得力のある話し方　ワインは⤵　ブドウから⤵　できています。⤵

・相手を見る

話し手が演台や地面に向かって話すと、声がお客さんに届きません。演台に手をかけて話す方は多いですが、そうすると、声は演台に落ちていきます。その先、つまり聞き手には届きません。

逆に上、つまり空に向かって話す人もいます。これも雲のようにふわーっと聞き手の上のほうにいってしまって、届きません。たとえマイク越しであっても、違いが大きく出ます。

私たちがやるべきは、「相手に声を届ける」ということです。ですので、聞いている人を見る。オンラインだったらカメラを見て、そこに向かって声を「届け」ます。イメージとしてはボールを投げるかのように声を届けるとよいです。

・1対1と1対nを使い分ける

聞いている人の人数にもよりますが、大勢の方が聞いている場合は、その場にいる全員に「声のシャワーを浴びせる」ような感じで声を出します。これが1対nの瞬間です。でもそれだけだと、一人ひとりに言葉が入っていきません。なので、1対1の関係をつくる。たとえば、最前列で、「うんうん」とうなずいている人がいたら、「ですよね」「どうですか？」と言って「その人」に声をかける。時々そうやって、1対1の瞬間をつくるのです。しばらくしたらまた1対nに戻って話しはじめます。そしてまた、「後ろの方はどうですかね」と最後列を見ながら声をかけ、最後列の、その1人を見ながら1対1の瞬間をつくります。こうして行ったり来たりしながら、全体にも、一人ひとりにも言葉が届くよう配慮していきます。

声の大きさについては、まずは、「1対n」では、ど真ん中にいる人に届く声の大きさで話します。そして、「1対1」で、たとえば最前列にいる方と、最後列にいる方には、声の大きさを調整して「その人」に最適な声の大きさにすることが大事です。「1対1」で、「その人がいる距離」に届くくらいの声の大きさです。

・緊張しそうなときは、ミッキーのマネをする

大勢の人の前で話をすると結構緊張しますよね。緊張すると声が出なくなります。緊張しないようにと思っても、やっぱり緊張するものです。

どうやってそこをクリアしていくかというと、基本的にはもう練習するしかないです。そして場数を踏むしかないのです。

でも、それでも緊張しますよね。そんなときは、まず、「現場に立ってみる」とよいです。

スタート前にそのステージに実際に立ってみる。僕は、緊張するという方には、「じゃあステージに立ってごらんよ」とよく言います。「ステージに立って眺めてごらん」「ここに観客がいると思って眺めてごらん」と伝えて、リハーサルのときにその場に立ってもらうのです。立ってみるだけでだいぶ落ち着きますし、また実際にそこで声を出してみると、イメージがつかめます。

もう1つ、こういうときの、とっておきの対策があります。僕のプレゼンの師匠である、俳優・声優の渡辺克己さんという方に教わった方法です。何をするかというと、プレゼンの本番前にミッキーマウスのマネをして声を出すのです。

ミッキーマウスは独特の高い声をしていますよね。それをマネして、手で頭の上に耳をつくりながら「こんにちは、僕ミッキー」とやってみると、見ている人は笑います。自分としても恥ずかしいですよね。

でもこれをやっておくと、それ以外の大抵のことは恥ずかしくなくなります。「これから大勢の前でしゃべろうとしていたけど、『こんにちは、僕ミッキー』とやるよりは恥ずかしくないな」と、本番で声も出るようになります。

緊張する人の中には、「間違ったらどうしよう」と考えている方もいると思います。でも、**「間違ったらどうしよう」という心配はしなくていい**のです。人は誰でも間違えます。間違えたら、「間違えました」「ごめんなさい。ちょっとお待ちください」と修正すればよいのです。たとえ話すべきことを忘れてしまったとしても、「ごめんなさい、今話すべきことを忘れてしまいました」と言えばいいのです。

そこからカンペなどを持ってきて話しはじめても、お客さんは聞いてくれるものです。

・言葉に意味をのせていく

「言葉」にどんな意味を込めているかで、そのプレゼンが「伝わる」「伝わらない」は、まったく異なってきます。

言い換えると、一語一語言葉に意味をのせながら話をしていくのです。

たとえば「ワインはブドウからできている」と言いたいとします。これを「ワインはブドウからできている」と、単にＡＩアナウンサーのように「読む」だけではダメなのです。

「ワイン」と言ったときのそのワインは、どんなワインでしょうか。赤と白があって、買いに行くと値段の差が結構あるあの、私が好きなワイン。雰囲気のあるレストランに行ってちょっと奮発して頼むあのワイン。コルク抜きがないのにコルクで栓がされたワインを買って困ってしまったあのワイン。こういった、自分の「ワイン体験」をイメージしながら「ワイン」という言葉を発します。

また、「ブドウからできている」の「ブドウ」という言葉、「できている」という部分の「醸造」をイメージして、意味を込めながら、「ワインはブドウからできている」と発する。イメージしながら意味をのせていくだけで、言葉はより感情をもって、伝わります。

•「えー」「あのー」が増えてしまうときは？

「えー」とか、「あのー」とか、僕も言っちゃいます。動画をつくるときも編集で消すことが多いです。

では、どうなくすかというと、間合いを取ることを意識する。「えー」とか「あのー」と言って間を持たせようとするのではなく、間合いを置きながら話して、その間に考えればいいんです。

マネをするなら、小泉進次郎さんの話のリズムです。あのリズムをマネすることによって、「えー」とか「あのー」とか言わないプレゼンをすることができるようになります。ぜひ、間合いを置きながら、ゆっくり話すことにチャレンジしてみてください。

相手の反応がないとドキドキする

これは僕もそうです。

講演をして、聴衆の反応が薄い。しかも、目をカーッと開いて、僕を睨んでいることがあります。

そういう顔を見ると、「よほどつまらないのかな」とドキドキするのですが、あとで聞いてみると「めっちゃよかったです」と言われることがあります。僕からすれば「めっちゃよいならそういう反応をしてほしい！汗」と思うのですが。

だから、相手の反応がなくても気にしないことです。大抵、話しているほうは「あれ、反応薄いな！」と思っても、勘違いであることが多いです。

あとは先に言っておくことです。特にオンラインで話す場合は、より相手の反応が薄く感じられます。だから先に「皆さんがわかっているかどうかは、皆さんの反応でしかわからないので、わかったら、ここぞとばかりにうなずいてくださいね、ハードロックのライブでのヘッドバンギングみたいに！」などと言うと、結構みんな「了解です！」と大きな反応をしてくれたりします。

どんな質問をされるのかわからなくて心配という方も多いです。

いきなり質問にダイレクトに答えようとすると、瞬間的にあれこれ考えて答えなければならないので難しいですよね。私も、ドキドキします。まずは「時間稼ぎ」をすることです。「質問いただきました」と、一旦呼吸を置いて、質問を繰り返しながら、「これは何で質問してるんだっけ」と、相手の立場で考えてみるとよいです。

自分の話のピラミッドを振り返って、「結論、根拠、たとえば」のどの部分に関して、なぜ、どんなことに対して質問しているんだろう、と考えます。そこで質問の意図がわかればそれに対する答えを言いますし、わからなかったら、「私は、これこれこういうことだと質問の意図を理解しましたが、正しいでしょうか?」と、質問自体の方向感をちゃんと確認してから回答するとよいです。わからなかったら正直に「わかりません」と答える勇気を持ちましょう。わからないことはわからないので、「ああ、いい質問ですね! 私は現時点ではわかりません。勉強させてください!」と答えてしまいましょう。その勇気さえ持てば、質疑応答はさほど苦にならなくなるように思います。

ケース3

手戻りが多い

提出資料について、ここが違うとかよくわからないとか、1回1回マネージャーが違うことを言ってきて、手戻りが非常に多いのですが、1回で終わる方法はないでしょうか？

POINT → 先回りして聞いておく

POINT → ピラミッドをすり合わせて、理解がずれていないかを確認する

これは、なかなか難しいです。人間、1回見ると違うことを考えたりします。それに、仕事は「1回やったらそれで終わり」ということでもないのです。だから、仕方がないところはあります。

ただ少しでも早く前に進めたいときにできることがあります。

1つは、「きっと、こんなことを言うだろうな」ということを先に予測できるのであれば、それを踏まえたうえで「これについてはどうですか」と先回りしてこちらから確認しておくことです。

もう1つ、自分の理解が足りない可能性がありますので、一度立ち止まって「ごめんなさい。どうも自分の理解が違っていたようです」と伝えて、再度相手が考えていることとすり合わせていくとよいでしょう。そこはピラミッドですり合わせておくと、先に進みやすいです。

とはいえ、相手の考えが変わっているのであれば、仕方ない部分もあります。そんなときは、これ以上時間をとらないように「考え方が変わられましたかね」と聞いてみましょう。そうでないと、こちらも前の話を引っ張ってしまい、なかなかすり合わせがうまくいかなくなってしまうでしょう。

ケース4

初めての人とどう人間関係を築いていけばいいか

初めての人に説明するときに、何から話して、どう関係性をつくっていけばいいのかわかりません。

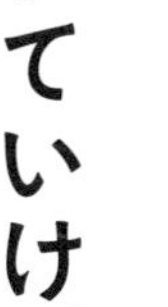

POINT　→　相手の考え方について仮説を立て、話してみよう

初めて会う方の場合、どう関係性をつくっていけばいいか迷うこともあると思います。

僕も講演のときは初めての相手にお話しすることが多いですが、「全国の社長さんたちに話をします」というときに、そこに集まる社長さんが「大企業なのか中小企業の社長さんなのか」で、話すべき内容も異なるわけです。

もし中小企業の社長さんであれば、「自分の人生の中で、中小企業の社長さんたちと話をしたのはいつだっただろう」と思い出して、「以前あの仕事でご一緒した社長さんたち、あの感じか」と想像しながら、「こんな話を、こういう語り口で、こんな順番に伝えていこう」と仮説を立てて話していくのです。

相手とどのように関係を築いていくかについても、**「仮説がある・なし」で、エネルギーが違ってきます。**初めて会う方についても、「この人はこんなことを考えているのではないか」と仮説を立てて話をすると「何で俺たちのことこんなにわかってくれるんだろう」とすぐ打ち解けてくれる可能性があるし、逆に仮説と違っていたとしても、何かしらの反応がありますので、その反応を見ながら変えていけばよいのです。

第 5 章

実践！
説明のルール

説明のルール

何かを説明するときの考え方

人前で「高い所より失礼いたします」などとプレゼンするのではなくても、日常的に、職場で何かを説明することはありますね。

この章では、そうした「説明」についてお話ししていきたいと思います。

状況や製品など具体的な物事を説明（プレゼン）するというケースで、「まず何から話していいのかわからない」という悩みを持つ方は多いと思います。

これも「ピラミッド」で考えます。相手の理解に合わせながら、上手にこちらのピラミッドを見せるようにします。

SDSと呼ばれる流れで、概要を最初に伝えることを意識してみてください。

Summary（概要）
Details（詳しい説明）
Summary（まとめ）

説明（プレゼン）は、自分の頭の中にある絵を、相手に頭の中で一つひとつ組み立ててもらって、同じ絵を見られるようにすることです。ですから、自分が描いている絵を相手の頭の中に再現してもらうことがゴールになります。

実際に自分が描いている絵を説明することを想像してみてください。

最初に「これは2メートル四方の大きなキャンバスです」「油絵です」「南の島を描いたもので、鮮やかな色調で描かれています」というように、まずは全体感（概要）がつかめる情報を最初に伝えるのではないでしょうか。

「そうか、なんとなくこんな感じの絵なんだろうな」と相手に伝わったところで、各論として詳しい説明に入っていきます。

たとえば「そこに描かれている砂浜に注目いただきたいのですが」とフォーカスした

い部分を提示し、その後、「クジラが描かれています。実はそのクジラは、環境破壊の被害を受けており、これが深刻な問題になっているのです」などと詳しい説明に入っていきます。

そして最後に、「環境問題を考えてもらうきっかけとして、このクジラの絵を描いたのです」と結論（まとめとして言いたいこと）を話していきます。

その絵の中で何にフォーカスするのか、結論は何か、そのためにどこの部分から説明するかということは、状況によって、そのつど変わってくるはずです。

たとえば、絵画について詳しい人には、「クジラ」ではなく、「この絵の持つ色彩」についで話したほうが関心を持ってもらえるのではないか、と思ったら、

概要　「ある島に打ち上げられたクジラから、環境問題を考えてもらおうと思って描いた絵です」

詳細　「この海の色彩をご覧ください。鮮やかな島の色彩に比べて、グレーを基調とした青色で塗られています。これは、海の環境破壊を表しています」

図5−1 説明の基本の考え方

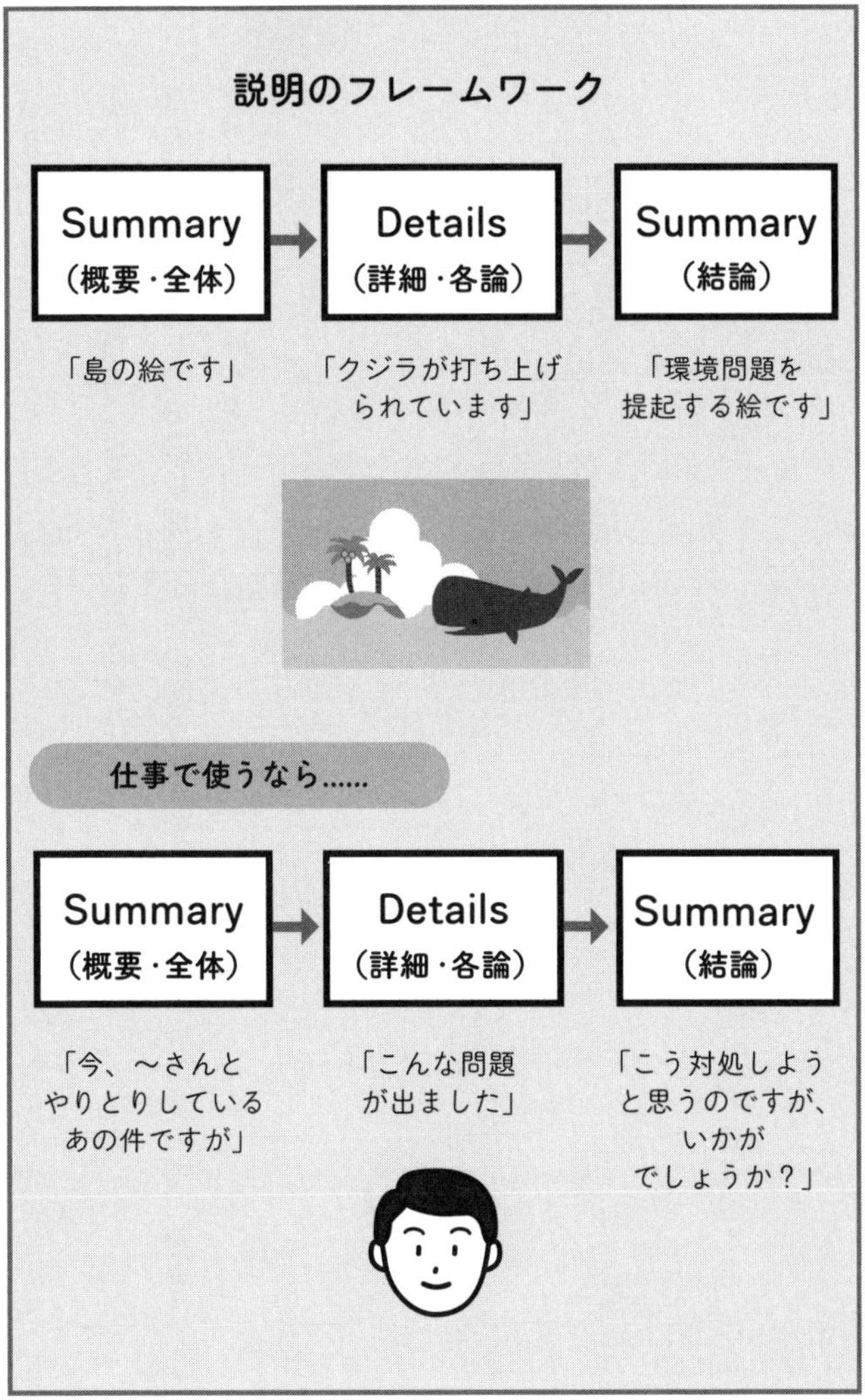
説明のフレームワーク
Summary
（概要・全体）
Details
（詳細・各論）
Summary
（結論）
「島の絵です」
「クジラが打ち上げられています」
「環境問題を提起する絵です」
仕事で使うなら……
Summary
（概要・全体）
Details
（詳細・各論）
Summary
（結論）
「今、〜さんとやりとりしているあの件ですが」
「こんな問題が出ました」
「こう対処しようと思うのですが、いかがでしょうか？」

結論　「色彩からも環境破壊の問題の重要性を感じてもらいたいと思っています」

という説明の仕方もできるかもしれません。

なお、仕事に関しての例は前ページの図5－1でも紹介していますので、参考にしていただければと思います。

ケース1

「感覚的な説明で、よくわからない」と言われる

説明が感覚的で、よくわからないと言われます。やる気や熱意は誰にも負けないつもりですが、空回りしてしまうのか、なかなか企画が通りません。

POINT ↓ 伝える前に左脳でチェックする

よくわかります。何度かお伝えしているように、コミュニケーションには右脳と左脳、感覚や感情とロジック、両方に訴えることが必要です。

ロジックだけになってしまっても、「言いたいことはわかるんだけどねえ」となってしまいがちです。そもそも、やる気や熱意が伝わることはすばらしい武器です。

まず左脳のコミュニケーションで、「こういうロジックになります」と理解してもらって、そのうえで感覚的なイメージを持ってもらったり、感情的に訴えていく。両方を満たすことが大事です。

よくあるのは、自分なりにロジックをつくったつもりでも、抜けていたり飛躍するので、聞いている側にとっては「なんだか感覚的だな」「ロジックがよくわからないな」と思われてしまうケースです。

たとえば、「流行っているから、この企画をやりたいです」というケース。

もしロジックをきちんとつなげようとしたら、たとえばこのようになるはずです。

結論	この企画をやりたい
根拠1	流行っていて、消費者のニーズがあると思われるから
根拠2	まだまだ市場開拓の余地があるから
根拠3	利益率が高いから

こうしたピラミッドをつくって、それぞれの根拠を補足するためのデータ、たとえば消費者調査や利益率のシミュレーションを添えれば、ロジックとしては完璧です。

でも、普段話しているときには、ここまで厳密に伝えないことがほとんどです。「流行っているからやりたい」と言えば、ロジックが飛躍していたとしても、なんとなく感覚的に理解できてしまいます。

お互いに納得していればいいのですが、根拠2や3を考えないままに進めてしまって、あとになって「もう市場が飽和しているじゃないか」「利益率が低くて、売っても赤字じゃないか」となってしまうケースも珍しくありません。

そうならないためには「なんとなく」の感覚だけではなく、ピラミッドをつくってみて、左脳でチェックしたり、コミュニケーションの中で確認していくことがビジネスにおいては大切です。

「ピラミッド」で話すことを習慣に

僕はピラミッドでアウトプットをすることを明確に意識して行なっています。

考えがまとまっていない時でも、可能な限りピラミッドを意識しながら話します。

あまり論理的に話すのが得意でないと思っている方もいるかもしれませんが、これは「能力」ではなく「単なる習慣」なんです。「1日1回は自分の中でピラミッドをつくってみる」ということからはじめるとよいと思います。習慣で必ず身につきます。

ケース2

新しく入ってきた人、特にベテランの人に説明するのが苦手

入社や異動で新しい人が入ってくると、業務についてゼロから説明することになる。経験者の方であれば気を遣うし、結構これが苦手です。

POINT ↓ 仕事と割り切って説明すること

POINT ↓ ベテランの人には、「理解してもらうこと」と「相手へのリスペクト」の両方を大切に

仕事で成果を出すためには、メンバーの理解や意識を合わせないといけませんよね。部署異動が頻繁にあって、しょっちゅう人が入れ替わるような場合、面倒という気持ちもわかりますが、だからといって説明しないわけにはいきません。

何のために仕事をしているかといえば、成果を上げるため。それは仕事として割り切って、毎回しっかり説明すべきです。

転職してきた人・ベテランの人に「理解してもらう」ために

なかでも、中途採用の人については、考え方や価値観の方向性が自社と違っていることもあり、わかってもらうために苦心することもあるでしょう。特に他社で実績を出してきた人であれば、その人なりに自負を持って仕事をしているでしょうし、それを尊重して仕事をしてもらったほうがうまくいくのかもしれません。とはいえ、社内には「うちのやり方」が存在することも多いと思います。

教育係を任されていたら、自社の方向性を理解してもらう必要があるけれども、相手の実績も尊重したい。この2つの間で迷ってしまうこともあるでしょう。

とはいえ、これは自社の方向性をゼロから話す必要があります。**相手を尊重することと、仕事で求められているゴールや価値観を理解してもらうことはまったく**別だからです。尊重しているからと言って、何も言わない、ということではありません。

「うちの会社では、こういうことを大切にしている」「こういうふうにやってほしい」

というのは、説明すれば受け止めてもらえますので、それはきちんと言いましょう。もし説明しているにもかかわらず、「俺には俺のやり方があるから勝手にやらせてもらうよ」という人だったら、問題あり、です。

たとえば前の会社では、結果さえ出せばどんなやり方をしてもいいとされていたけれども、転職先ではそうではない。そういう「ずれ」があったとしたら、何がずれているのかを見つけて、そこを説明する必要があります。「相手を尊重する」といって説明しないままにしておくと、その人の時間がもったいないですし、会社にとっても無駄です。尊重する気持ちは「こういう方向性で実績を出したあなたのやり方も尊重しているのですが」などと、説明とは別に伝えればいいでしょう。

「これまでのやり方と会社の方向性をシンクロさせて成果を出してくださいね」ということをきちんと伝える、そして相手に動いてもらうことが仕事です。

ケース3

トラブルの説明が難しい。どこまで言及すればいいのか

POINT ↓ 相手が何を望んでいるのかを正確に理解する

POINT ↓ 包み隠さず話すのが大事

トラブルが起きたとき、どのように説明すればよいか難しい。

確かに予定されたプレゼンであれば、事前に準備ができます。ピラミッドをつくって伝え方を考えたり、リハーサルする時間もありますが、トラブルは突然やってきます。しかも緊急性が高い。

ここでも大事なのは、相手が何を望んでいるのか、正確に理解することです。その原則は、プレゼンでもトラブル対応でも変わりません。

状況の説明を求めているのか、一刻も早く解決策を協議したいのか、あるいは担当者

としてあなたなりの意見を聞いているのか、状況はそれぞれだと思います。感情的に怒っている場合もあるでしょうし、課題解決を求めている場合もあるでしょう。

相手が今どんな状況にいるのか想像して、必要な答えを用意して伝えることが鉄則です。

もう1つ、なるべく隠さず伝えることが大事です。トラブルが起こると、正確な情報はなかなか見えないなか不確かな情報は伝えたくない、となるべく守りに入りたくなるのが人間の心理です。でも、そういうときこそ**必要と思われる情報は、不確かな部分があってもどんどん開示したほうが、結果的に信頼を失わない**ものです。

トラブルが起こったときは、情報が錯綜したり、現場が混乱することも多いと思います。一担当者である自分がどこまで何を伝えていいのか、迷うこともあるでしょう。そんなときは、**確認されている「事実」や「公的な見解」と、そうではないけれども担当者としてこう感じているという「感触」をきっちり分けて話す**ことも大切です。未確認なのに「大丈夫だと思いますよ」などと言って、それが組織の公的見解のように伝わってしまい、余計な混乱を招くという事例はありがちです。マイナスのときほど、正確に伝えることを意識する必要があります。

第6章

実践！
交渉のルール

交渉のルール

相手に合わせてピラミッドを組み替えよう

交渉がうまくいかない。そんなとき、2つの可能性が考えられます。

1つは、こちらの伝えているメリットがうまく伝わらなかったり、反対する相手を説き伏せられない。つまり、同じ土俵の上で交渉しているものの、**利害の調整に至らないケース**です。

もう1つは、**お互いの前提条件がずれていたり、かみ合っていない場合**です。このケースでは、そもそも同じ土俵の上に立っていません。

たとえば、自分は営業部門の利害を考えて話しているけれども、相手は会社全体の視点に立って話している。そうすると、なかなか議論がかみ合わないので、まず前提条件をちゃんとそろえることが大事です。

当たり前ですが、交渉相手は自分とは違う人間です。大切にしていることも、嫌だなと思うことも、人によってばらばらですから、一旦ピラミッドをつくったあと、相手に合わせて、伝わりやすいパーツで組み替えてみましょう。

結　論	道路に安全柵をつくりたい
根拠1	通学路なのに交通量が多く、危険である
根拠2	遮るものがなく、子どもが歩道からはみ出して歩いている
根拠3	隣町で子どもたちが通学する列に自動車が突っ込んだ事故が起きた

たとえば、あなたがこんなピラミッドをつくったとします。安全柵をつくるためには地権者の同意が必要なので、地権者のところに交渉に行きます。でも相手は「うーん、それはそうなんだけどね」と言うものの、なかなか首を縦に振ってくれない。

そんなとき、たとえばこんなピラミッドに組み替えてみたらどうでしょうか。

結　論	道路に安全柵をつくりたい
根拠1	通学路なのに交通量が多く、危険である
根拠2	隣町で子どもたちが通学する列に自動車が突っ込んだ事故が起きた

根拠3　市から補助金が出る

もしも地権者が気にしているのが費用面だとしたら、根拠③を付け加えることによって、交渉の説得材料が増えることになります。

みんなで考えるときには、まずピラミッドをつくって、そこから考えていけばいいのですが、交渉の場面では、ピラミッドがどんなに正しくても、「こちらにとっての正論」だけでは突破できない場面がたくさんあります。相手の置かれた状況、何を望んでいるのかということを考えながら、臨機応変にピラミッドを組み替えていく必要があります。

図6－1 交渉の基本の考え方

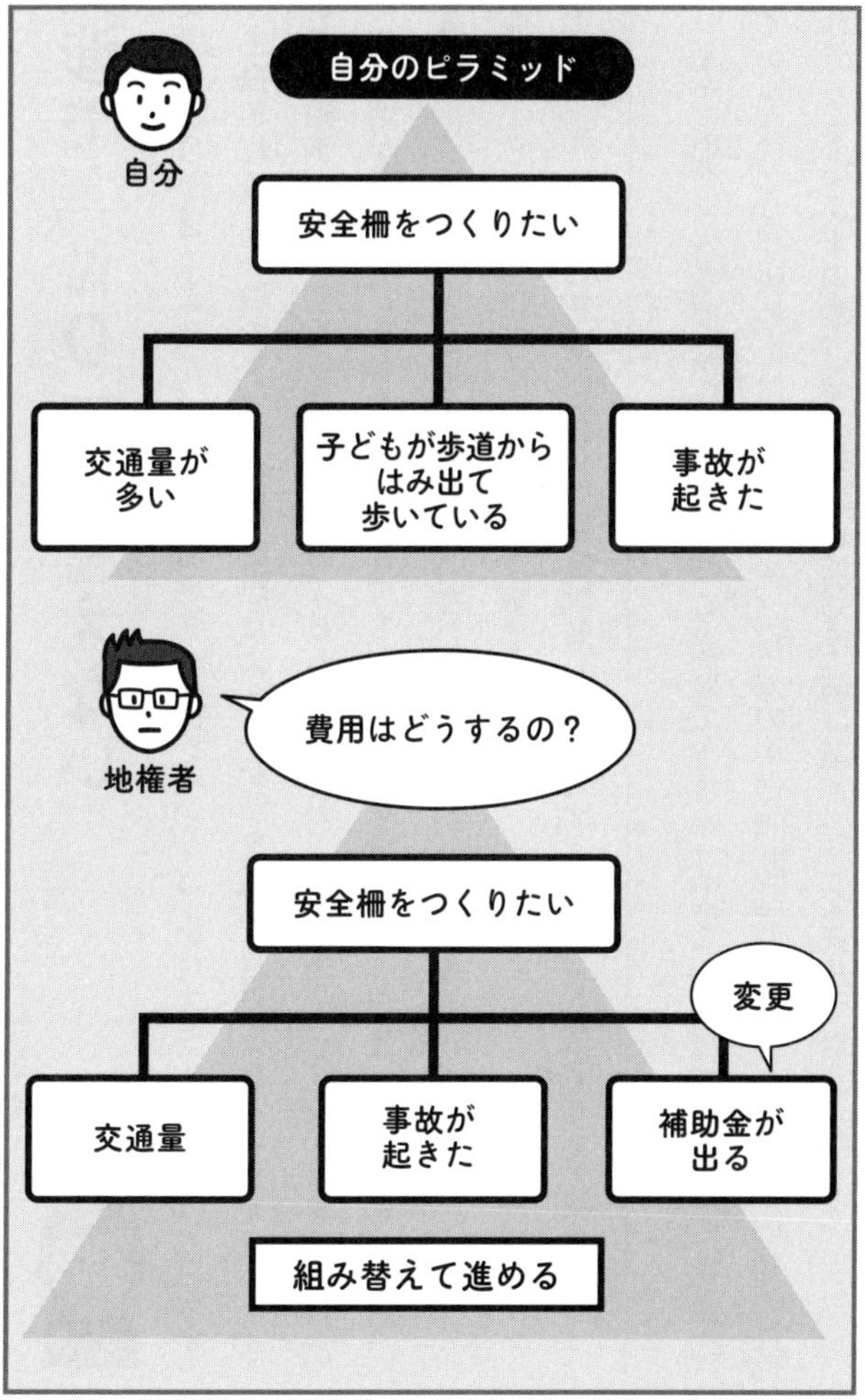

ケース1

交渉で「NO」と言えない

交渉でNOが言えません。ここに着地させたいというゴールイメージを持っていても強く主張されると反論できず、相手の思うように交渉を進められてしまいます。また、相手の話にすぐ反論を組み立てられず、自分でも判断がつかないまま、相手のペースで話が進んでしまって、こう言っておけばよかったと、あとになって思います。

POINT ↓ 妥協できるラインと譲れないラインを引いておく

POINT ↓ 言葉ではなく「態度」で表す

POINT ↓ NOと言うときは相手を理解しようとするサインを忘れずに

まず交渉に入る前に、どこまでなら妥協できるか、どこからは譲れないのかというラインをはっきり決めておくことです。自分の中に判断基準がないと、相手の勢いに押されてしまいますので、交渉に臨む前の準備段階でそこを決めておきます。

交渉というのは、お互いの「NO」をどこまで通すかの戦いでもあります。

「NO」と言うと相手が気分を害するのではないかと心配する人もいますが、「NO」と言うことと、相手の人間性を否定することはまったく別です。

でも、しっかり反論する準備ができていればいいのですが、そうではないことも多いですよね。自分の考えがまとまっていないときに反論されると、譲ってはいけないと思いながらも、ついつい相手のペースで物事が進んでしまったり、相手の言うことにも理があるような気がして、あとになってから「あのとき、こう言っておけばよかった」と後悔することもあります。

こんな時、僕は**「うーん」と言ってYESともNOとも言わないことにしています。**


「〇〇をお願いできませんか？」

「うーん」

「でも、伊藤さん。こういうメリットがあるんですよ」

「うーん、うんうんうん。うーん」

「反対がなかったら進めてもいいですか？」

「うーんうーん。なんかモヤモヤするんですよね。モヤモヤの正体を考えているんですけどね」

です。

という感じです。「角が立ちそうで、なかなか強くNOと言えない」人にもおすすめ

反論されたり、意向に合わない提案を受けたとき、「これには反対である。理由は3つあって、これこれである」とすっきり言えることのほうが少ないと思います。自分の中でも「ちょっと違うな」という感覚はあるものの、確証はない。相手の言うことが正しい気もする。

でも**直感というものは大抵正しいので、そこで譲ってしまうと、やっぱり後悔します**。「相手に悪く思われたらどうしよう」という理由で決断するほど馬鹿馬鹿しいことはありません。一度YESと言ったら、その後くつがえしにくいから、「アホか」「何言っているんですか」と言われても、捨て身の姿勢で「うーん」とモヤモヤを伝えていく。それも1つのやり方です。

ポイントは「あなたの言うことを心から理解しようとしています。でも僕は違う意見を持っています。意見は違うんですけど、あなたのことを理解したいし、何かしら歩み寄りたいという気持ちはあるんです」ということをサインで示しながら、一線は譲らないことです。

「あなたの意見に反対です」ということと「あなたのことをリスペクトしています」というのは両立できます。同じように、相手の話を受け止めることと「でも賛成はできないんですよね」ということも両立できます。

聞いた瞬間、明らかに「それはないな」という提案だったとしても、**「僕は違うなと思ったんだけど、どうしてそう思ったのですか?」「そういう見方もあるかもしれませんね」**というように、一旦は相手の話を聞いてみる。相手を受け止めるスタンスは持っておく。

聞いたうえで、「あああ、その気持ちもわかるから、ものすごく残念だけど、自分はちょっとYESとは言えない」ということを全身で示して、**「かわりに、こういうのはどうですかね」**というように、自分のスタンスをじわじわと伝えるようにします。

いくら口で「わかります」と言っても、目を合わせなかったり、体が引いていると、相手は「口だけなんだな」と感じます。相手をリスペクトしたいという気持ちがあれば、全身に出ます。こういう局面ほど、相手へのリスペクトは大切です。

ケース2

自分のことについて交渉が苦手

人事評価のときなどに自分のことをアピールするのが苦手です。仕事は結果を出してこそだと思うので、もう数字として見えていると思いますし。でもアピールはしたほうがいいのでしょうか？

POINT　↓　自分を評価できるのは自分しかいません

「今期の昇給は据え置きだよ」

「どうしてですか。今期、かなり頑張ったつもりですが……」

自分のアピールができない。頑張っているつもりなのに、周囲に認められない。

そんなときは、自分の成果に関する「結論＋根拠」が明確に伝わっていないかもしれません。

こうしたときも、やはり「結論＋根拠」のピラミッドをつくってみましょう。

結　論	今期、自分は成果を上げている
根拠1	予算に対して120パーセント達成した
根拠2	達成度はチームメンバーの平均よりも高い
根拠3	大型顧客を3件開拓した

こういうピラミッドをつくってみて、「結論＋根拠」が明確だなと思ったら、それを伝えてみてください。

ただ、そもそもマネージャーが前提を伝えていなかっただけで、全社の業績が落ち込んでいるから、社員は一律で昇給がないという事情があるのかもしれません。そうした隠れた前提を探りながら、自分の成果はきちんと伝えることが大事です。

よく「ちゃんと仕事をして成果を出しているから、わざわざアピールしなくていい」と考えている人もいます。マネージャーがちゃんと評価してくれる人であればいいのですが、**残念ながらそうではない人もいますから、成果はなるべく客観的に伝えられるといいです。**自分を宣伝してくれるのは、基本的には自分だけなのです。

第7章

実践!
会議・議論・
ディスカッションのルール

会議・議論・ディスカッションのルール

ファシリテーターを中心にみんなでピラミッドをつくっていく

対話やプレゼンではうまくいくのに、議論やディスカッション、会議でうまく伝えたり、結論を導き出すことができない。

議論やディスカッション、会議の場では、たくさんの人が参加します。意見の異なるたくさんの人がいることが難しいところです。そこではこんな問題が生じやすいです。

①そもそもピラミッド（結論＋根拠や事例、前提）が正しく伝わっていない

②ファシリテーションがうまくいかない

―ゴールの共有

図7-1 会議・議論・ディスカッションの基本として覚えておきたいこと

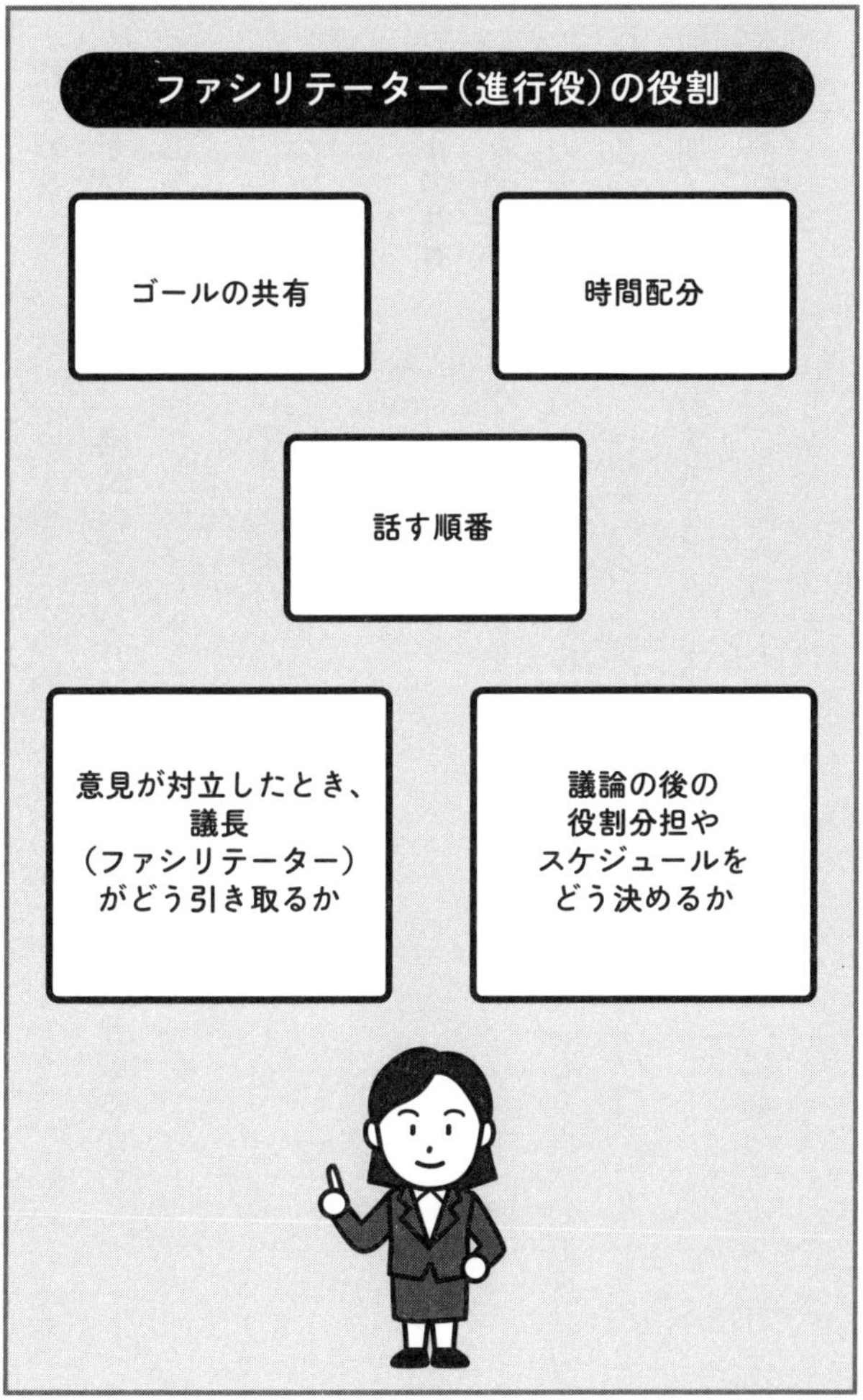
ファシリテーター（進行役）の役割
ゴールの共有
時間配分
話す順番
意見が対立したとき、議長（ファシリテーター）がどう引き取るか
議論の後の役割分担やスケジュールをどう決めるか

―時間配分
―話す順番
―意見が対立したとき、議長（ファシリテーター）がどう引き取るか
―議論の後の役割分担やスケジュールをどう決めるか

②について順番に見ていきましょう。

―ゴールの共有

どんな会議でも、まずゴールを決めます。

今期の予算を決めるのか、ＰＴＡの役員を決めるのか、それとも現状の進捗共有をするのかということです。できれば、「今日の会議のゴールはこれです」ということを事前に参加メンバーに共有するとスムーズです。

当たり前のようですが、実際にはこれができていない会議や議論を多く見かけます。

―時間配分

ゴールが決まると、自然と時間配分が決まります。終わりの時間は決まっているわけですから、それまでに、やるべきことがこなせるスケジュールを立てます。たとえば、予算決定の会議なら、前年度の振り返りと収支報告をして、各部門からのプレゼンをして、決めるところまで持っていかないといけないなというようにです。

― 話す順番

話す順番も大切です。一番大事な話にスムーズに流れていくように考えます。

今期の予算を決めるとしたら、たとえば、

(1)前期の予算報告
(2)前期の振り返り、今期の課題共有
(3)市場動向や全社状況の共有
(4)各部門からの予算案プレゼン
(5)討議
(6)今期の予算決定

といった順番で会議を進めることになるでしょう。先に前期の話や状況を共有できなければ、予定も決定できないですよね。

この順番を無視して、(1)前期の予算報告、(2)前期の振り返りや今期の課題共有、(3)市場動向や全社状況の共有を行なわないまま個別の予算討議に入ってしまうと、「そもそも、それって現実的なんだっけ?」という話になって、手戻りが発生します。

そして、話す順番を決めたうえで、(1)前期の予算報告はみんなに伝わったから、(2)に進む、(2)の共有はどうやってやるのかというように、それぞれのゴールを決めておきます。

―意見が対立したとき、議長(ファシリテーター)がどう引き取るか

部門間で予算の討議が紛糾して、なかなか結論が出ないこともあります。もともと会議というのは、意見や立場が異なる人が参加するので、対立するのは当然といえば当然です。

こうしたとき、最後は多数決で決めるのか、あるいは上の役職の人にエスカレーショ

ンするのかというように、どうやって対立を引き取るか決めておくことも大事です。そうしないと「次回に持ち越しましょう」などといって、永遠に平行線のままになりかねません。会議は「結論を出してなんぼ」です。

ー議論の後の役割分担やスケジュールをどう決めるか

会議をしたら、それで終わりにするのではなく、決議事項に対して誰がいつまでに何をするのか、きちんと役割まで分担することも大事です。

たとえば「マンションのゴミ出し問題を改善しましょう」という話になったら、誰が担当者になるのか決めて、次の会議までにアイデアを出してもらうなど、アクションと締切を設定しましょう。議論するだけ議論して、アクションにつながらないまま放置されているケースを見かけますが、会議した時間が無駄になってしまいます。

この設計が最初にできていないと、大抵うまくいかないように思います。

ケース1

会議で物事が決まらない

社内の会議に出席するのですが、物事が決まらないことがあり、なんとかならないかと思っています。参加しても各自が課題を述べて、なんとなく最初の案に落ち着くか、誰かが引き取って終わります。それなら会議はいらないようにも思いますし、どうしたらいいでしょうか？

POINT ↓ 結論が出ないときのルールを決めよう

POINT ↓ ゴールと時間配分を決めてスムーズに進行させよう

会議で物事がなかなか決まらないのは、そもそもどうやって意思決定するかということを決めていないからです（ＰＴＡの係決め会議でもよく見かけます）。

「意見が対立したとき、議長（ファシリテーター）がどう引き取るか」の箇所でもご説明した通り、意見が平行線をたどって結論が出ないときは、最終的に多数決で決議するのか、より上の役職の人にエスカレーションするのかというように、あらかじめルールを決めておく必要があります。

ただ、できれば議論を通じて、みんなで決めるところまでいきたい。

会議中のファシリテーターの役割としては、「意見が割れていますね」「このままだと時間切れになってしまいますよ」ということを伝えたうえで、争点を整理することが大事です。

「Aさんは積極的に投資すべきというお考えですよね。それに対してBさんは予算がないとおっしゃっている。つまり、もし予算が許せばAさんの意見で一致ということでよろしいでしょうか」というふうにです。

同じ話の繰り返しにならないために

会議で話題が次に移っているにもかかわらず、上司が「いや、さっきの話はこういうことだよね。だったら、こういう問題もあるんじゃないかなあ」などといって、話を蒸し返したり、せっかく決まった結論をひっくり返すこともあるでしょう。

実際、こういうケースはよくあります。ですから、前項のゴールや時間配分を決めて進めていくことが大事です。

「今は前期の予算について話していますよね」ということを会議の参加者全員が理解していて、「これはＯＫですよね」とみんなが理解したら、次のテーマに移るのが理想です。

議事進行と時間配分をスクリーンに映写したり、ホワイトボードに書いて、みんなが見られる状態にして、「はい、(1)が終わったので、次は(2)に移りたいと思います」と言うのも有効です。

ケース2

会議で発言できない

会議で発言したいのですが、うまく言葉にならなかったり自信がなくて、結局話せなくなります。まあ、それでも会議が回っているからいいかなと思うのですが……。

POINT ↓ 議論のたたき台だけ出せばいい

POINT ↓ 「うまく言葉にできないのですが……」と言ってしまう

まず大前提となるのは「１００パーセントの正解はない」ということです。

そもそも正解がわかっているなら、会議で議論する必要さえないわけです。正解がわからないからこそ、会議ではみんなの「僕はこう思う」「私はこうしたい」を集めて、なるべく確度の高そうな答えをみんなでつくろうとしているだけです。

何十年か前なら、高度経済成長で「物質的な豊かさ」を追求していく中で、「正解らしきもの」があったのかもしれません。でも、いろいろな物事のルールが大きく変わっていく中、１００パーセントの正解を探して動けない人や組織はチャンスを失っていく一方です。

先述のように、大切なのはまず「頭出しの結論」を出すことです。

第1章でお伝えしたように、まずピラミッドをつくってみてください。即席で構いません。根拠を3つ考えることができたら、そこまで荒唐無稽な意見ではないはずです。

「自分はこう思いました。理由は3つあります。1つ目は……」というように、まずは意見を出してみましょう。それが呼び水となって、「1つ目の理由は、ちょっと違うと思うけど、2つ目の話は面白いね。こういうふうにしたらどうかな?」などと新しい意見が出てくるかもしれません。

誰もファイナル・アンサーは求めていません。議論のたたき台を出すことができればいいのです。

うまく言葉にできないときは、そのことを伝える

会議中に何か違和感を持っても、すぐに言語化できないので、もやもやしたまま流れてしまうということもあると思います。

そんな場合は、**「すぐに言語化できない」ことを、先に伝えてしまいましょう。「ちょっとうまく言葉にできないんですが、正直に言うと、あまり乗り気じゃないんですよね。まだ正しく理解できていないだけかもしれないのですが」**というようにです。

言葉にはできないけれども、賛成か反対か、大まかな方向性はあるはずです。「直感的にはそう思うのです。きちんと考えますから、少しだけ時間をいただけますか？」と先に伝えてしまう。完璧なものを出そうとして引き延ばすよりも、そのほうが議論においてよい方向に働くことがほとんどです。

なお、もし大まかな方向性もわからないという場合は、「すみません、わかりません」と正直に伝えてしまったほうがいいと思います。

会議の流れを見失ったら……

大勢の人がいる会議やディスカッションで話の流れが見えなくなってしまって、流れに乗ることができなくなると、自分の意見も言いづらくなってしまいます。

でも、だからといって理解しないままでは、参加している意味がありません。なんとか追いついて、自分なりの結論を表明しなければ、退場ということになってしまいます。

まず、自分がわからないときは、案外他の人もわかっていないこともあります。ですから「**すみません、ちょっと話の流れがわからなくなっちゃったんですけど**」と発言することは、決して悪いことではありません。会議が終わってから「ここだけの話、自分もわからなかったんだよね」「聞いてくれてありがとう」という展開になることもあります。

「自分だけかもしれませんけど、ちょっとみんなもわかっていないかもしれないから、**確認も兼ねて、整理させてもらっていいですか**」というように割って入ってみましょう。

でも、どう考えてもみんなは話題についていっているのに、自分だけが取り残されているような気がする。「ちょっとわからないんですが」と言おうものなら、「またおまえか！」と言われそうでこわい。そしてそんなときに限って「君はどう思う？」と意見を求められてしまう――。

そんなときは、**「ちょっと前提の確認なんですけど」「この前提の部分に違和感がありまして」**というように、あえて前提に話を戻す方法もあります。ただ、これはあくまで窮余の策で、その場を切り抜けるためのテクニックでしかありません。

基本的には、やはり前提から考えて、「どうしてこういう話になっているんだっけ」ということをトレースし、頭の中でピラミッドを描きながら追いついていくのが基本です。

また、「流れに乗れていません」ということをあえて出してしまってもいいかもしれません。「ちょっと何を議論しているのかわかりません」と言うと、さすがに角が立ちますから、**「すみません、ちょっと僕、今気絶していたみたいなので、見当違いな発言をすると思うんですけど、〇〇ですよね」**というように、ギャグとともに、議論に無理矢理入ってみてもいいと思います。キャラクターにもよりますが、会議の間中、話についていけずなんの価値も提供できないよりも、一時的に恥をかいても割って入っていくほうが、長期的には成果につながりますし、周囲からの評価にもつながっていくはずです。僕は時々、この手を活用します。

ケース3

反論にどう対処するか

相手から反論されるのが嫌です。正直頭にきますし、説明もうまくないので反論されて終わってしまうことが多いのです。感情的になってはだめだと思うのですが、どうしたらいいでしょうか。

POINT ↓ 相手のつもりになって、相手のピラミッドを理解しよう

POINT ↓ 目線をとんでもなく上げてみよう

反論されてムッとしてしまうことは、誰にでもあると思います。自分が精魂込めてやっていればいるほど、頭ごなしに反論されたら、いい気はしません。でも、そこで感情的になってムッとした表情を出すのは、ビジネスパーソンとしてはNGです。

仕事ですから、反論はあって当然です。当然だという前提のもとに、自分のロジックのどの部分に反対なのか、それはなぜなのか、自分の意見と相手の意見のどこが違うの

かということを、それぞれのピラミッドを比較しながら、確認してみましょう。

交渉もコミュニケーションの1つですから、ピラミッドをお互いにすり合わせていることには変わりません。

同じ社内でも、たとえば営業部と経理部、営業部と開発部・製造部で打ち合わせをすると、折り合わないことがしょっちゅうかもしれません。営業だったら、月次予算を達成することが大事ですから、ちょっとくらい締日を過ぎても売上を計上したいと思うかもしれませんが、経理部にとっては、月次決算をスピーディに出すことが最優先だから、そんなことはできないということもあるでしょう。それぞれ置かれている立場が違うわけですから、対立するのは当たり前です。

相手の考えの中で聞く

反論してくる人に対しては「相手の考えの中で聞く」ということが大事です。

そのときの質問の仕方としては、「私はこう思いましたけど、どうですか」と上から聞くのではなく、極端に言えば、「(そんなに賢くない) 私はあなたの意見をこういうふうに受け取ったんですけど、これはちょっと違ったりしますかね」というニュアンスがあると、相手は「苦しゅうない」となります。

そもそも自分のロジックで理解してもらえないときには、無理に自分の話をゴリ押しするのではなく、「相手のロジックって何なんだろうな」「相手のピラミッドはどのようになっているんだろうな」と考えながら聞いていくことがとても大事です。

話す側が「こうです。こうです。こうです」と言っている一方で、聞いている側は「いやいや、違うでしょ」としか考えていなければ、永遠にすり合いません。

だからこそ「何ですか」と聞くよりも、**「まず相手に寄り添って、相手のつもりになって、相手のピラミッドを想像して理解してみる」**こと。その後、仮説をもって「こうですか?」と尋ねる、というプロセスが必要なのです。

こちらが寄り添えば、相手も変わります。もし自分の説明が違う意見であっても、相手に寄り添うことで、相手も「いや、実はこうなんだよね」と自分に寄り添ってくれる「対話モード」に変わっていくことが多いのです。

図7－2 話が進むケースと進まないケース

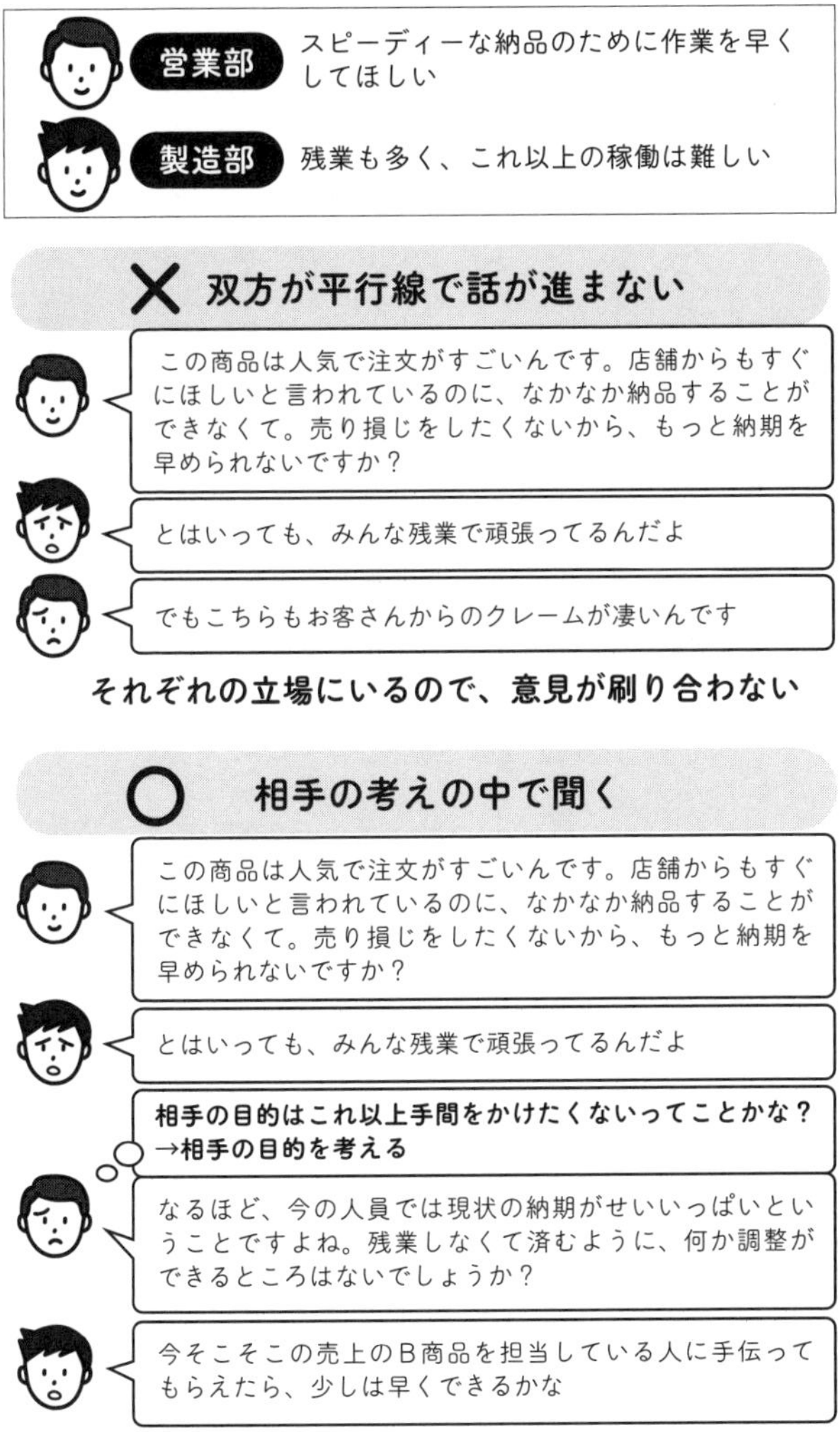
営業部
スピーディーな納品のために作業を早くしてほしい
製造部
残業も多く、これ以上の稼働は難しい
双方が平行線で話が進まない
この商品は人気で注文がすごいんです。店舗からもすぐにほしいと言われているのに、なかなか納品することができなくて。売り損じをしたくないから、もっと納期を早められないですか？
とはいっても、みんな残業で頑張ってるんだよ
でもこちらもお客さんからのクレームが凄いんです
それぞれの立場にいるので、意見が刷り合わない
相手の考えの中で聞く
この商品は人気で注文がすごいんです。店舗からもすぐにほしいと言われているのに、なかなか納品することができなくて。売り損じをしたくないから、もっと納期を早められないですか？
とはいっても、みんな残業で頑張ってるんだよ
相手の目的はこれ以上手間をかけたくないってことかな？
→相手の目的を考える
なるほど、今の人員では現状の納期がせいいっぱいということですよね。残業しなくて済むように、何か調整ができるところはないでしょうか？

今そこそこの売上のB商品を担当している人に手伝ってもらえたら、少しは早くできるかな

相手と意見が異なっていたら、「自分の世界」ではなく「相手の世界」で話すこと。

コミュニケーションは、「あなた対私」の対決ではないのです。伝える側は、常に「あなたが」を主語に考えましょう。「あなたがこれを理解してもらえるためにどうするか」を考え、「あなたの理解するレベルで、あなたの興味やモヤモヤしていることを、私があなたに成り代わって話します」というスタンスでいくとうまくいきます。

相手の立場、相手の目的を常に念頭に置いて進めていきましょう。

「私の意見をあなたに理解してもらって、私の意見を通す」ではなくて、「これは私の意見である」というスタンスで話す。そして相手の話を聞きながら、ピラミッドに整理していく。「ですよね。ですよね」と相手の話を肯定しながら聞いていき、「あなたの考えていることを受け止めます」というスタンスが相手に伝わるようにします。

そして、「だったらこのあたりに共通のゴールがありそうですよね」とか、「だったらこうしていくと、双方いいかもしれないですね」という双方のゴールを見つけるための提案をしていきます。

すると「あなた対私」というふうにはならずに「共通の結論」が出しやすくなります。

結局、対話や議論は、合意（コンセンサス）を得るためにやっているのです。「コンセンサスを得られる」と信じていれば、コンセンサスは大抵得られます。極端な話、対決して「おまえはこうだ」と攻撃的に罵倒しあって勝ち負けを決めようとしていては、永遠にコンセンサスは得られません。逆に「あなたの言うことってこういうことですよね」「意見は違うけど、ここに共通の理解ってあるよね」というポイントを探していけば、うまくいくポイントが見つかりやすいのです。

なお、そもそも「そんなの喋る気ない」と言う相手もいるかもしれません。そんなときは、「鍛えてもらっているんだな」と思い、一生懸命いろいろ考えて頑張ってみましょう。

もちろん、新しいことに関する提案は「やってみないとわからない」部分もあります。でも、**それは相手もわかっています。**「１００％売れるとは言い切れないから」と提案を引っ込めずに、相手と対話をしていくとよい。そこはあきらめずにいきましょう。

目標を上げて共通の目的を探す

もう1つ、意見が対立したときは、まず目線をぐいっと上げてみることをおすすめします。

営業部と経理部では意見が対立していたとしても、**会社の社長まで目線を上げて考えてみるとどうでしょうか。**まず利益を出すこと、株主に対して責任を果たすことが大事なはずです。これについては、営業部も経理部も異論はないでしょう。

株主に対してスピーディに数字を開示することも、業績予想を達成することも両方大切だけど、全社で見ると、たとえばすでに数字は達成しているから経理部の方針を優先しましょう、といった共通理解は得られるのではないでしょうか（もちろん逆の結論もあります）。

「いや、社長の視点で考えてみても、どうも折り合いがつかない」

そんなときは、折り合えるポイントを見つけられるところまで、ひたすら上げ続けてみましょう。

図7-3 意見が対立したら

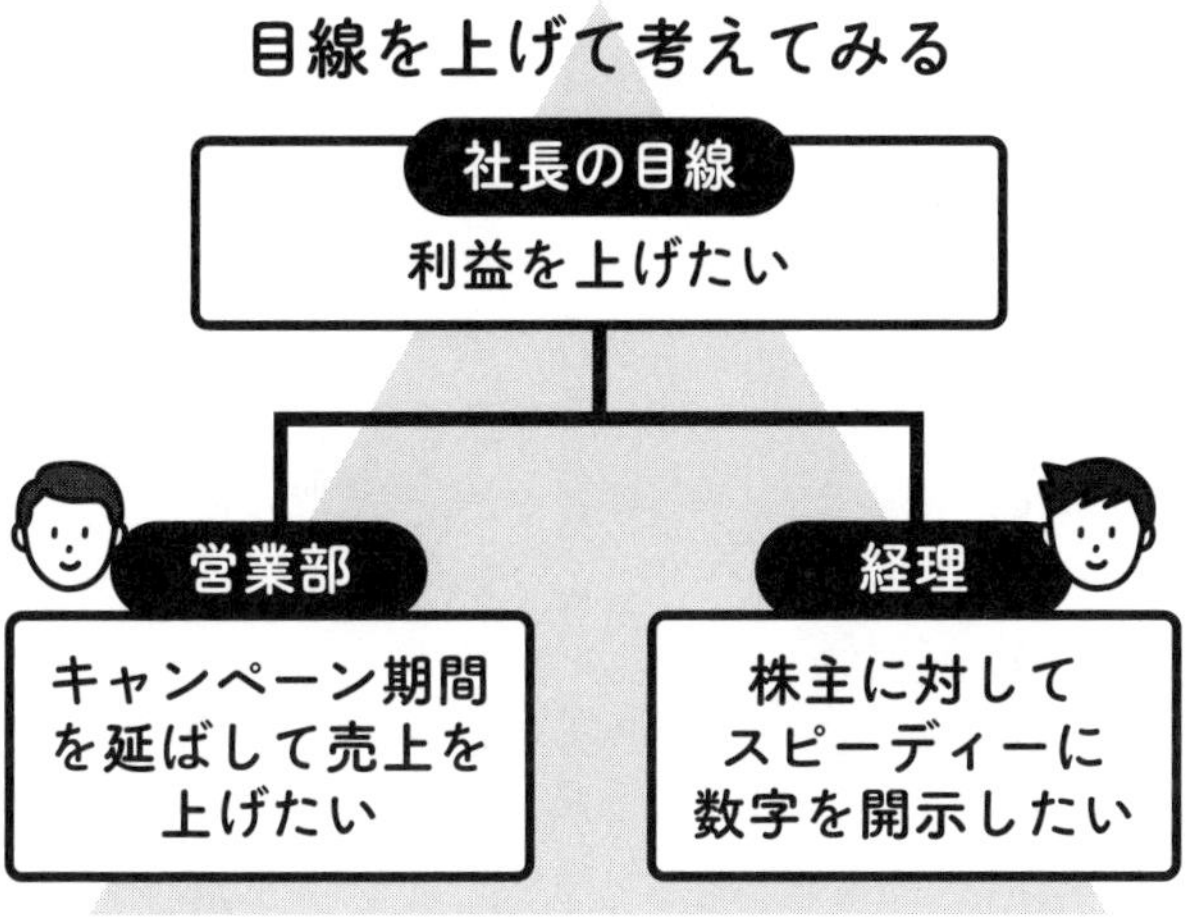
目線を上げて考えてみる
社長の目線
利益を上げたい
営業部
キャンペーン期間を延ばして売上を上げたい
経理
株主に対してスピーディーに数字を開示したい

極端に言ってしまえば、「人間は幸せに生きていきたい」「世界が平和であってほしい」ということに異論を唱える人はいないと思います。つまり、そのレベルまで話のレイヤー（層）を上げてしまえば、どんな人でも折り合えます。

ただ総論では折り合っていても、それぞれの国であったり、業界や会社、部門ごとの事情が異なるために利害が対立するわけです。まず大きな目的を共有していることを再確認する。それができたら、各論に降りていって、その対立するポイントがどのレイヤーにあるのか、特定する。このプロセスが大切です。

「このプロジェクトの目的は、そもそもこういうことですよね」（確認）
「うん、そうだね」
「そこは僕たち同じで、でも、A案がいいかB案がいいかということで意見が割れていますよね」（確認）
「そうだね」
「営業部の立場だとこう考えますよね。わかります。でも、経理部の立場だと、これをやってしまうとプロジェクトの遂行に支障があると思うんです。なぜかというと……」（対立するポイント）
「そうか、じゃあ、そこを改善するためにはどうしたらいい？」

こんなふうに話ができれば、お互いの理解が進みますし、物事は解決に向かうはずです。

ケース４

会議で発言してくれない

毎週定例の会議があり、そこで意見を求めるのですが、誰も発言してくれません。自分の進め方に問題があるのでしょうか？

POINT
↓　YESかNOかで答えられる質問を投げかけてみよう

「何か意見はありませんか」

（一同無言）

こうやってシーンとなってしまうと、みんなますます発言してくれませんよね。

でも、それでは会議が進行できません。

研修などでも、ディスカッションのときは和気あいあいと話していたのに「じゃあ発表してください」と言った瞬間、シーンとなってしまう。そんな場面はよくあります。

オフィシャルな場では、発言のハードルが上がりますから、たとえば会議の冒頭にアイスブレイクを入れてみる。**「先週の連休、どうでした？　ゆっくりできました？」**などというように、仕事とは無関係の話題、みんなが気軽に発言できる話題を振ってみるのもいいでしょう。

「家族でディズニーランドに行ってきたんですよ」

「いいなあ、うらやましい」

といったふうに、仕事と関係ない話で盛り上がることで、発言することへの心理的なハードルが下がったりします。

「最近、面白かったことはありますか？」「気になっていることは？」などの話題でもいいでしょうし、ピザでもとって食べながら話してもいいと思います。

とにかく「ここで発言しても大丈夫そうだな」「ちょっとくらい失敗しても怒られなそうだな」という**「心理的安全性」**をつくることが大事です。

逆に厳しいモードにして、「こういうふうに進めようと思いますが、ご意見ありますか。なければ、これで進めちゃいますよ」という進め方もあるでしょう。

ただ、特にマネジメントにとっては、メンバーが言いたいことを気軽に言い合う空気をつくることが何より大事だと強く思います。

「たまたま当てました」と発言のハードルを下げよう

なんとか発言してもらおうと思って、「○○さん、どうですか？」と指名してみると「別に」と言われて、さらにシーンとなってしまうこともあります。

ですから、もし指名する場合は、「どうですか？」とオープンに聞くよりも、**「YES」か「NO」で答えられる質問をするほうがいい**です。

質疑応答で誰も手をあげてくれないこともありますよね。研修や講演のとき、僕がよくやるのは、「今すごく視線を感じました。こちらからでしょうか。あっ、○○さん、ご質問ありますか？」というように、ちょっと笑いを取りながら指名することです。そのとき、必ず「当てた意図はないんですよ。たまたま目が合ったので」と言うようにしています。**意図を持って聞かれたと思うと、相手は「正しい答えを言わないといけない」「意味のあることを言わなきゃ」と思ってしまいがちだからです。**「たまたま目が合ったから聞きますけど、適当に答えていいんですよ」「いきなりですよね、何か一言」などと言って、発言のハードルを下げるようにしています。

ケース5

せっかく資料を準備して会議に臨んでも、誰も聞いてくれない

資料も十分に準備して話しているのに、誰も聞いてくれている気がしません。声が小さいわけではないですし、どうしたらいいでしょうか?

POINT ↓ インタラクティブに話そう

POINT ↓ 覚えてもらいたいことがあるなら、最後に「超一言」を伝える

相手が聞いていないとどうしようもないので、これはもう、何がなんでも聞いてもらう必要があるわけです。

仕事なのだから聞かないほうが悪いという議論はさておき、こんなときにおすすめしたいのは、1対nと1対1を分けて話してみることです。全体に向けて話すだけでなく、「ですからこう思うんですけど、どうですか」「いかがお考えですか」と質問してインタラクティブにやっていくのが大事です。

たとえば50人の前で話しても誰も聞いてくれないなら、最前列にいる人に話しかけてみる。すると1対1の関係が生まれます。人間の心理上、1対1になったときに無視することは難しいので、さすがになんらかの反応が返ってくるはずです。50人いるなら、1対1を50回やるつもりで話してみてください。

他にも、動いてみたり挙動不審なことをやってみて相手の気を引く方法もあります。たとえば、以前僕は、講演で携帯を投げるということをやっていた時期があります（壊しそうなので途中でやめましたが）。すると一時的にでも相手はこちらに関心を持ってくれます。

そこからうまく話を持っていくという荒業もあります。

最後に「超一言」を伝えて、相手に印象を残す

「言っても忘れられてしまう」ことは多いですね。そういうときは、キーワードを最後に伝えましょう。『1分で話せ』で述べた「超一言」です。

「今日僕が伝えたいことは、一言で言うとこうです、これだけ覚えておいてください」「絶対忘れちゃいけないのはこのことで、そこだけは一つよろしくお願いしますね」などと言うと、それに紐付けていろんなことを覚えてくれます。

そして、あとで確認してみること。

プレゼンもビジネスのコミュニケーションも、その場だけが勝負ではありません。その後、「ということでこれこれについてお伝えしました。ぜひこれをよろしくお願いします」とメールを送って、忘れないようにしてもらうことが結構大事です。何度もリマインドする。それも含めてプレゼンです。

第8章

身の回りの「伝わらない」をなくす

ケース1

リモートでのコミュニケーション

オンライン会議やリモートでのコミュニケーションが増えました。どんなことに気をつければいいでしょうか?

POINT ↓ 顔出しを基本にしよう

POINT ↓ 自分の発言が終わったら「以上です」と言うと、かぶらなくなる

リモートワークが増えて、コミュニケーションがとりづらくなったという声をよく聞きます。

オンライン会議などでコミュニケーションがうまくいかない理由は、いくつかあります。

そのうちの1つには、表情の微妙な変化など、言葉でやりとりする以外のコミュニケーションがやりづらいというものがあります。人間は人と話すとき、言葉だけでやりとりしているわけではありません。「メラビアンの法則」では、人が話すときに得るの

は55％が見た目の情報、38％が音声による情報、言葉そのもので得る情報はわずか７％だといわれています。

ただ、ｚｏｏｍなどでのオンライン会議では、相手の顔が見えます。

僕は、社内会議や１ｏｎ１ミーティングはもちろん、研修や講演でも**基本的には参加者には顔を出して参加してもらう**ようお願いしています。そうしないと、コミュニケーションに必要な情報が抜け落ちてしまうからです。

大勢のいる会議室では、一人ひとりの表情は見えなくなってしまいがちですが、オンライン会議では、全員が正面を向いているので、むしろ実際の会議よりも表情そのものは見えやすいと思います。

たまに、10人で会議をしていて、８人は同じ会議室にいて、あとの２人がそれぞれ別の場所からオンラインで参加しているというケースがありますよね。この２人は疎外感を覚えやすいのです。それは、８人の会議室にいるメンバーの表情が見えなかったり、ちょっとした雑談や笑いについていけないからです。オンライン会議のときは、同じ場所にいても個別にｚｏｏｍなどで参加して、全員の顔が見えるようにしたほうがいいと思います。

また、うなずきなどのノンバーバル（非言語）コミュニケーションを意識的に行なったり、お互いの発言がかぶらないように、発言の終わりに「……と私は思います。**以上です、どうぞ**」と言う、といったことも、オンライン会議をスムーズに運営するためには有効です。

もう1つ、オンライン会議でのコミュニケーションが難しいのは、休憩時間の雑談などがなくなって、わざわざ会議で話すほどではないけれども、潤滑油として必要なやりとりがしづらくなってしまったことではないでしょうか。

ただ、それはオンラインランチやオンラインお茶会などの場を設定することで回避できると思います。そもそも「10時から1時間、会議を行ないます」というとき、オンラインであってもオフラインであっても雑談はしないと思います。なんとなく顔を合わせている時間、すきま時間があるから、「そういえば仕事と関係ないんですけど……」という話が出てくるわけです。そうした時間を意識的につくることが解決策につながると思います。

LINEなどのSNSでうまくやりとりをするには

最近増えてきたコミュニケーションとしてはLINEやSlackなどのツールがあります。

LINEなどのやりとりで参考にしているのは、家入一真さんのコミュニケーションです。「おおおおお」「すごい」「いいね」「やばい」「やってみよう」などと、相手のテンションを上げる言葉だけ選んで使っているとインタビュー記事でおっしゃっていました。

LINEなどのメッセンジャーでは、左脳的なコミュニケーションよりも、共感し合ったり、楽しくやりとりすることを求める人が多いと思います。

なるべく相手に楽しく、たくさん話してほしいなと思うので、僕も「おおお」「ぬおー」などの言葉をよく使います。

テキストメッセージのやりとりは、顔が見えない分、まじめな文章で送ると、どうしても必要以上に堅くなりがちです。

ちょっと意識的にテンションを上げて、お互い楽しくコミュニケーションするといいように思います。

ケース２

会社での面談のコツ

マネージャーとなり、会社でメンバー一人ひとりと面談をやることになったのですが、何を話せばいいのかわかりません。どう進めれば相手にとっても自分にとっても価値のあるものになるのか、模索しています。

POINT ↓ 質問のバリエーションを持っておこう

POINT ↓ キャリアの話は「WHY↓HOW↓WHAT」で質問しよう

相手に気づきを得てもらうための質問術

社内の個人面談では、その期間にどんなことがあったのか、何が問題で、何が自分に足りないのか、それはこんなふうに改善するとよくなるんじゃないかといった気づきを得てもらうためのものです。

ですから、とにかく相手にたくさん話してもらうことを重視しています。そのためには、こちら側が質問のバリエーションをたくさん持っておくことが大切です。

面談の場では、まず最初に「1週間どうだった？」（ＨＯＷ）というように投げかけをします。

「よかった」「いまいちだった」といった答えが返ってきますから、いまいちだったなら、「どこに問題があったんだろう？」（ＷＨＥＲＥ）ということを問いかけて、考えてもらいます。そのプロセスの中で、問題のありかが特定されて「ここが問題だったと思います」「これが足りませんでした」といったことが見えてきます。

では、どうして足りなかったのか（ＷＨＹ）、たとえば自分の能力の問題なのか、コンディションの問題なのかと考えていく中で、「コンディション管理がうまくいかなくて失敗したのだと思います」といった答えが見えてきますから、「ＯＫ、じゃあそれを改善していけばいいんだね」という話になって、「じゃあ改善策として、いつまでに何をやるか（ＷＨＥＮ・ＷＨＡＴ）」を決めて終了です。

ＨＯＷ（どう）、ＷＨＥＲＥ（どこで）、ＷＨＹ（なぜ）、ＷＨＥＮ（いつ）、ＷＨＡＴ（何を）という形で、質問の基本的な流れを設計していくとよいと思います。ポイントは、上司はあくまでも問いかけをするだけで、あらかじめ決まっている結論に誘導するためのものではありません。あくまでも本人が振り返り、気づきを得るプロセスのサポートをするだけということです。

キャリアの話はWHY、HOW、WHATで聞く

面談では、今後のキャリアをどうしたいのか、どんなふうに生きていきたいのかという話をすることもあります。

サイモン・シネックは著書『ＷＨＹから始めよ！ インスパイア型リーダーはここが違う』（日本経済新聞出版）の中でゴールデン・サークルについて説明しています。傑出した個人や組織は「ＷＨＹ↓ＨＯＷ↓ＷＨＡＴ」という順番で物事を考えるというものです。つまり、「何をするのか」ではなく「なぜそれをするのか」から考えることによって、揺るぎない信念を手に入れられるということです。

将来目指す方向について話すときには、このゴールデン・サークルと同じように、「Ｗ

HY↓HOW↓WHAT」で質問するのがよいと思っています。

①「WHY」、つまり、あなたの信念は何か、譲れない思いは何か
②「HOW」、どうやってそれを実現したいと思っているのか
③最後に「WHAT」、具体的に何をやっていきたいのか

を聞くということです。その順番で話を聞いていくことで、本人も思いの原点を知ることができますし、「だからこれをやりたいんだ」ということがわかります。

この順番が逆になると、「何をするか」という現実的な選択肢から考えはじめるので、夢やビジョンが広がっていきません。

相手の思考が深まる質問

次に、相手の話を広げたり、深掘りするために4つの質問を使います。

①深掘りする質問

相手の話した内容を掘り下げる質問です。「それ、もうちょっと詳しく聞かせてくれる？」「どうしてそう思ったの？」などの質問がこれにあたります。

こういう質問をすると、相手は「実はこういうことがあって」「なぜそう思ったかというと……」と詳しく説明してくれます。

②広げる質問

深掘りする質問に対して、横に広げていく質問です。「他にはどんなケースがある？」などの質問がこれにあたります。

③抽象化する質問

「つまり、どういうこと？」という質問です。

この人がこう言って、こんなことがあって、そうしたらこうなって、という説明に対して、「つまり、どういうこと？」と質問することで「一般化するとこういうことですよね」というふうに考えてもらうためのものです。

④**具体化する質問**

抽象化する質問とは逆に、具体化する質問もあります。「たとえば？」「具体的にどんなこと？」といった質問です。

この４つの質問を組み合わせて、相手の思考が深まるようにサポートしていきます。

もう１つ、『ヤフーの１on１――部下を成長させるコミュニケーションの技法』（ダイヤモンド社）著者でもあるZホールディングス常務執行役員の本間浩輔さんが１on１ミーティングでよく使っている質問をご紹介しましょう。

１つは「**もう一度聞きますね**」です。最初に「最近、どう？」などと質問して、ある程度話してもらったところで、この質問をします。

２つ目は「**なるほど、あなたはこう思っているんだね？**」です。相手の話したことを、そのまま返すことで、質問を受けた側の思考がさらに深まります。

３つ目は「**こういう言葉を何度か繰り返していたけど、あなたにとってこれはすごく大切なことなんだね？**」という質問です。

無意識に大事にしていることや、気がかりなことがあると、何度もその言葉を使ってしまうことがあります。この質問によって意識することで、改めて考えるきっかけになります。

達人が使う質問３つで、いずれも自分の発言を自ら繰り返し、考えを深めてもらう効果があります。

いろいろな質問のバリエーションがありますが、テクニックとして覚えるのではなく、何のためにやっているのかを考えることが大切です。

面談は、その人の成長につなげるためのものです。楽しく仕事をして、気づきを得て、成長していく。そのサイクルを回していくためのサポートとして行ないます。ですから、なるべくたくさん話してもらって、対話の中で気づきを得て、そこからさらに深めていく。その繰り返しです。

ケース3

自己紹介がうまくできない！

自己紹介がいつもありきたりになってしまいます。他の人を見ていて「うまいな」と思うのですが。どうしたら記憶に残る自己紹介ができるでしょうか？

POINT ↓「一言で言うと○○」を準備しよう

自己紹介は究極のプレゼンです。

時間にしたらわずか数十秒から数分ですが、これで第一印象が決まります。

自己紹介のポイントは、とにかく相手に覚えてもらうことです。キーワードを決めておくのもいいでしょう。僕は『1分で話せ』がベストセラーになったので、「『1分で話せ』という本を出しながら、話が長い、伊藤羊一といいます。よろしくお願いいたします」と言うときもあります。「未年の長男で羊一です」と言うこともあります。教育改革実践家の藤原和博さんは、ご本人に似ている有名人をあげて「どうも、教育界のさだまさしです」と自己紹介していて、うまいなあと思いました。

「去年新人賞を取った佐藤です」でも「特技は円周率１００ケタの暗唱です。小数点のことならなんでも聞いてください」でも、どんなことでも構いません。

そもそも人の自己紹介なんてほとんどの人は話半分でしか聞いていません。ですから、**「一言で言うと◯◯」**と相手の記憶に残るキーワードを伝えるのがいいと思います。その瞬間は「スベったかな」と思っても、懇親会の場などで「ああ、さっきの円周率の人ですね！」と言われたら、覚えてもらったということですから成功です。そのためのキーワードです。

『1分で話せ』で「キチリクルン」というお話をしました。孫正義さんにプレゼンしたとき、Ｅコマースの戦略を話す中で、「これは納期に合わせてきっちりくるから『キチリクルン』です」と言ったら、その言葉を孫さんが覚えていてくれて、終わってから「君のキチリクルンいいねえ」と話しかけてくれたのです。

相手が忙しい人であるほど、こういう「超一言」のキーワードは大切です。

ケース4

営業でのクロージング

営業先に何度も通いつめて、いよいよ契約目前というところまできているのに、なかなかクロージングできない。こんなときはどうしたらいいのでしょうか。

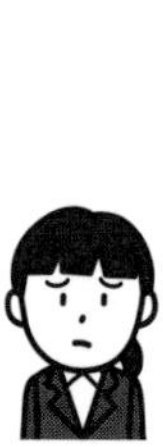

POINT
↓　小さなYESを積み重ねる

クロージングまで持っていくために大切なことは「小さなYESを積み重ねる」ということです。

「ご興味はお持ちいただいていると思うんですけど、まだ買いたいとは思っていらっしゃらないと思います。おそらくメンテナンスの体制に不安を感じておられるのではないでしょうか」
「うん、そうだね」（YES）
「メンテナンスは、これこれの体制があります。こういうご不安をお持ちかと思うのですが、それに対してこういうソリューションがあるんです」
「おお、そうなんだ」（YES）
「これはやるしかないですよね」

「小さなYESを積み重ねる」ことを飛ばしてしまって、自社の商品やサービスの説明を話して、最後に「何か質問ありますか？」「ないね」「ではご契約いただけますか？」となってしまっている人が実は多いのです。

気になる人をデートに誘うときも同じですよね。
「話題の映画を観に行って、そのあとお茶をして、軽くお酒を飲もうと思う。この店は海鮮が美味しいんだ。何か質問ある？　じゃあ行こう」と言っても、なかなかYESと言ってくれないと思います。

「この映画が話題だよね。こういうの好き？」
「そうね」（YES）

「映画館のそばのカフェで苺フェアやっているって。たまにはそういうのもいいよね」
「いいわね」（YES）
「もし夜まで時間もらえるなら、海が見える店で海鮮でもどう？　一緒に行かない？」
「仕方ないわね」（YES）

というように、小さなYESを積み重ねていくのではないでしょうか。

クロージングというのは、ゼロか100で「やるんですか、やらないんですか」と迫ることではありません。それまでのプロセスで、小さなYESを積み重ねて、いつのまにか100になっていたね、というのが交渉の詰めです。

第9章

ピラミッドから資料・文章をつくる

「ピラミッド」でプレゼン資料をつくる

いきなりパワポに向かってはいけない

商談や企画会議でプレゼンをすることになり、プレゼン資料をつくらなければいけない。

こんなとき、あなたならどうするでしょうか？

大抵の場合、まずパワーポイントなどのソフトを立ち上げて、いきなりスライドをつくりはじめる人がとても多いのです。

まず「はじめに」を書いてみて、それから「企画の背景」「概要」などを書いてみる。けれども、５枚目くらいのところで、キーボードを打つ手が止まってしまう。こんな経験のある人は多いのではないでしょうか。

プレゼン資料をつくるとき、ほとんどの人は、いきなりスライドに向かいます。逆に、プレゼン上手な人は、最初からスライドをつくりはじめません。まず大まかなロジックを書き出します。

つまり、**ロジックの構成やストーリーを簡単にメモなどにまとめてから、はじめてパワーポイントなどで資料作成の作業に入る**のです。

プレゼン資料をつくる時間が3時間あったとしたら、2時間は、このロジックの組み立てに時間を使います。実際にパワーポイントなどのソフトで作業している時間は、僕は15分もないかもしれません。残りの時間は、メッセージの根拠となる数字や事実の調査に使います。

プレゼン資料を作成する肝となるのは、この2時間の「下準備」なのです。

この章では、プレゼン資料をつくる肝となる時間をどのように使っているのか、伝わるプレゼン資料を作成するためには、どのようにロジックを組み立て、それをスライドに展開しているのかを説明します。

ピラミッドが書ければ、ストーリーのあるプレゼン資料はすぐつくれる

ロジックを組み立てる作業はそれほど難しくありません。

僕がプレゼン資料をつくるときは、まずピラミッドを書きます。

一番大事なのは、そのプレゼンで伝えたいメッセージを一言でまとめることです。つまり、ピラミッドの「結論」となる部分です。

次に「結論」の「根拠」を3つ書いてみます。もし3つの根拠が出てこないときには、「結論」に戻ってやりなおすこともあります。同僚や上司に声をかけて、他にも「根拠」がないか、一緒に考えてもらうこともあります。

もし自分の伝えたい「結論」が妥当なものであれば、3つくらいの根拠は出てくるはずです。大抵の場合、たくさんの「根拠」があって、そこから相手に伝わりやすいものを絞り込んでいくことになりますが、**3つさえも出てこないようであれば、その時点で**

図9−1 資料をつくるためのピラミッド

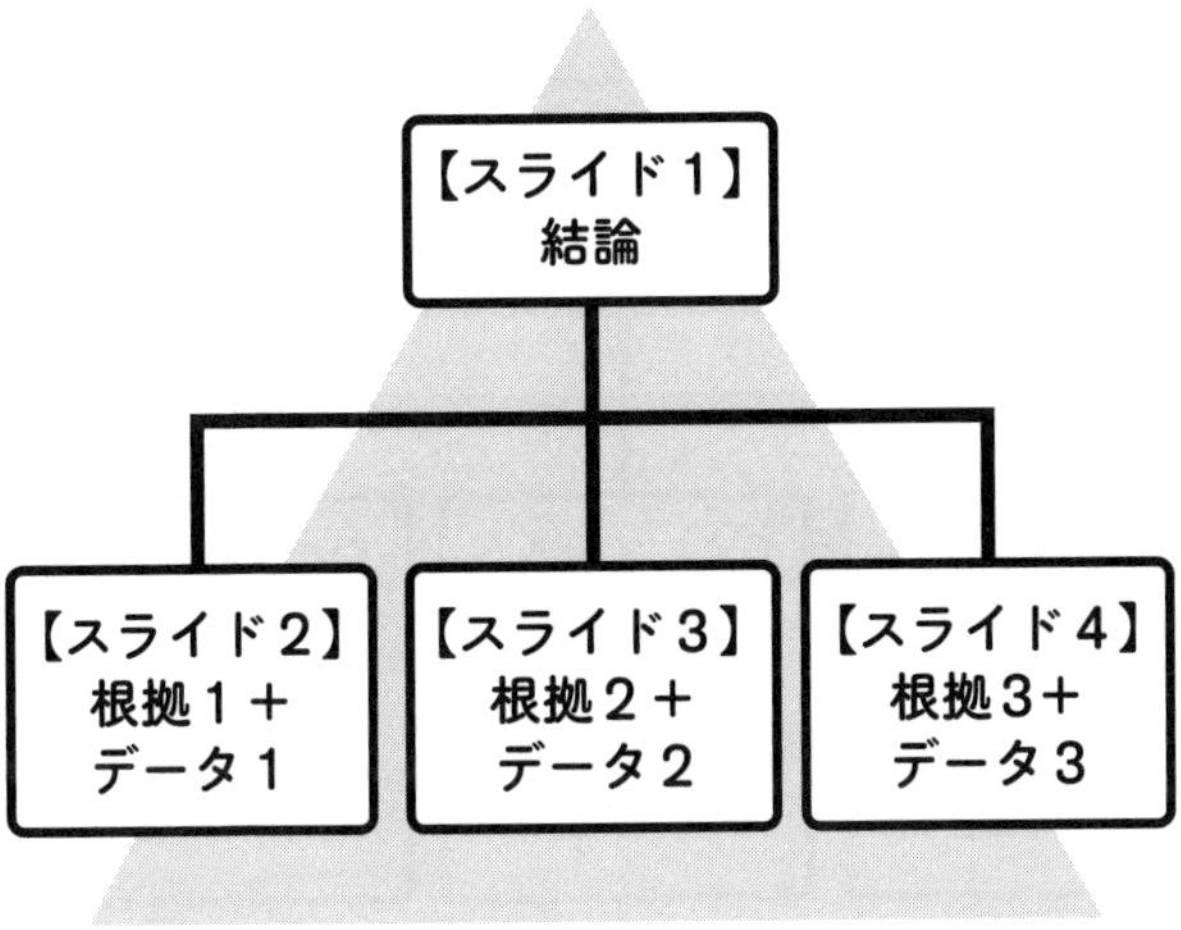

自分の考える「結論」に何か無理があるのではないか？ と遡って考えてみることも必要です。

そして３つの根拠が固まったら、それについての資料なりデータなりを集めてつくっていけばいいだけです。

たとえば社内で新規事業を提案するなら、「○○のサービスをつくりたいんです」というのが「結論」です。この「結論」が１枚のスライドになります。

そして、「売れるから」「誰もやっていないから」「簡単だから」という３つの根拠があるとします。

その場合、２枚目のスライドに「売れるから」と書いて、ボディの部分に「消

図9−2 ピラミッドで資料をつくる

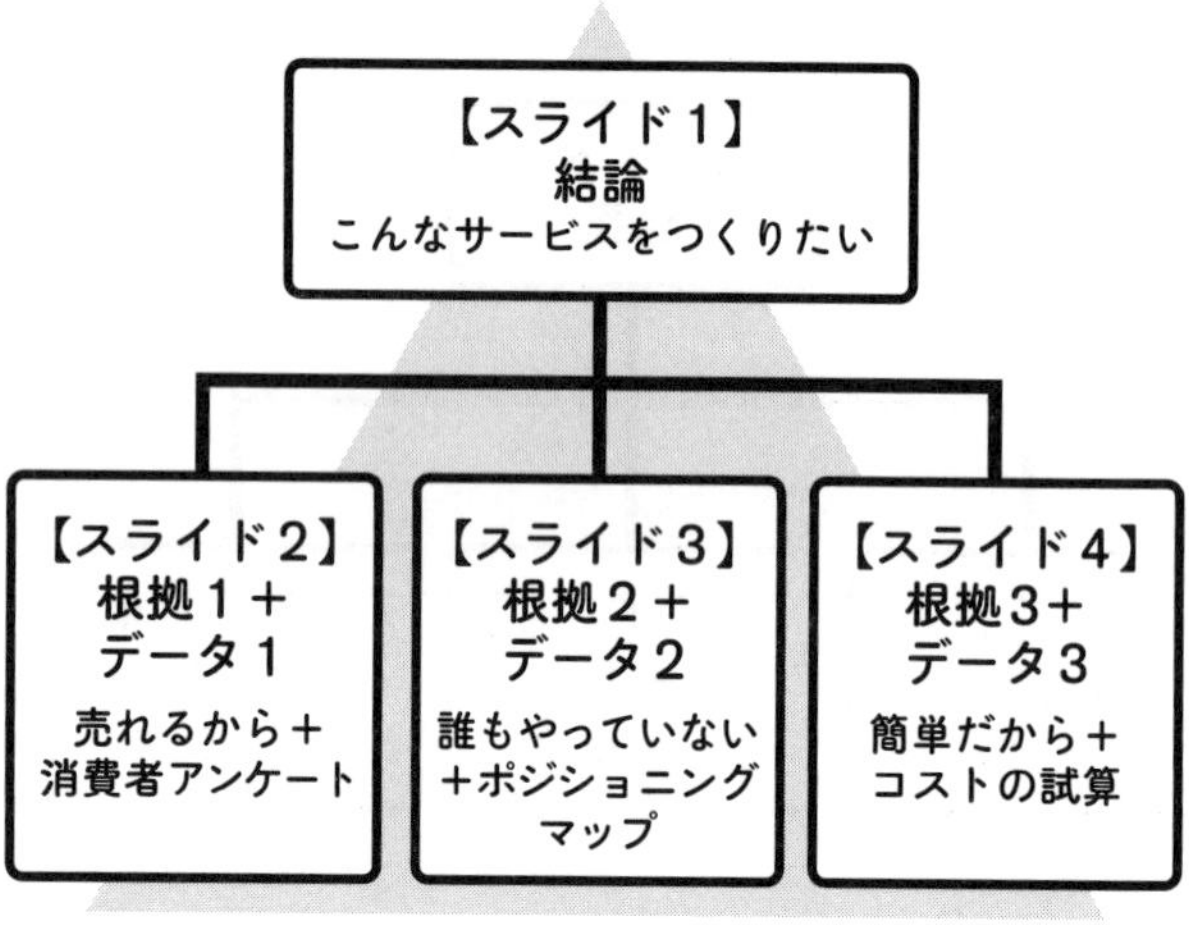
【スライド1】
結論
こんなサービスをつくりたい
【スライド2】
根拠1＋
データ1
売れるから＋
消費者アンケート
【スライド3】
根拠2＋
データ2
誰もやっていない
＋ポジショニング
マップ
【スライド4】
根拠3＋
データ3
簡単だから＋
コストの試算

費者アンケートの結果、このサービスへのニーズが高い」などと調査結果を書きます。

3枚目には、「誰もやっていないから」という根拠と、競合となるサービスがないことを、ポジショニングマップなどを使って書きます。

4枚目には「簡単だから」、たとえば既存のサービスに比べて、コストが低く済むということを書きます。

こうして、ピラミッドから4枚のスライドができます。

もし消費者アンケートの数値や分析が重要であれば、その部分のスライドを増やせばいいですし、逆に、時間の限られたプレゼンでは、「○○のサービスをつくりたいんです」「売れるから」「誰もやっていないから」「簡単だから」というメッセージだけで1枚にまとめることもできます。

つまり、**プレゼン資料の基本は「結論」と3つの「根拠」**です。これさえあれば、どんなプレゼンにも応用することができます。

ここの骨組みさえしっかりできていれば、いきなりデータの部分をつくりはじめ、締切間際になって「あれ？　このデータの部分は必要なかったんじゃないか？」などという事態にならず、時間を効率的に使うことができます。

プレゼンの途中に雑談を入れたり、別の話題になってしまったとしても、すぐに元のところに戻ってこられます。しかし、基本となる骨組みができていないと、「今何の話をしていたんだっけ？」となってしまいます。

戦略コンサルタントが使う「空パック」

コンサルティングファームで働く人は、「空パック」という言葉を使うことがあります。

スライドごとに「結論（伝えたいメッセージ）」「根拠1」「根拠2」「根拠3」などと、ラフスケッチのように構成案を書き出すというものです。

この時点では、根拠の数字はしっかり調査できていなくてもいいそうです。まずは仮説ベースで、自分が組み立てたいロジックの骨組みをつくってみる。そこから肉づけしていったり、それぞれの根拠の裏づけになるような調査を進めていきます。もちろん、作業が進む中で、当初想定していた仮説が矛盾するとわかった場合には、一旦戻ってロジックを組みなおします。

この「空パック」は、プレゼン資料の設計図のようなものです。プレゼンを通じて何を言いたいのか（＝結論）、その裏づけは何か（＝根拠）を、うまくストーリーとしてつながるように設計していく。この全体設計の中で、ロジックに矛盾がないか、メッセージに説得力があるか、確認していきます。そして、具体的にどのような調査が必要か、それにどのくらいの工数が必要かを段取りしていくのです。

最初に全体設計を行なわないまま、資料をつくりはじめてしまうと、枝葉末節にエネルギーを取られて、よく考えると「結論↓根拠」がうまくつながっていなかったり、必要のない市場調査に時間を取られてしまったり、時間とエネルギーのロスになってしまいます。

私が説明した方法は、簡単にも見えますが、実はこれと同じことなのです。

ちなみに、エレベーターピッチといわれるように、1分間で人を動かさなければならない場面も、結論と根拠が基本です（エレベーターピッチとは、忙しい経営者に聞いてもらうために、経営者が役員フロアから1階に降りるまでのエレベーターに乗り込んで、その間にプレゼンすることから、この名前があります）。

この場合も、伝えるのは「結論」と3つの「根拠」です。「本日は貴重なお時間をいただき、誠にありがとうございます」などと言っていては、エレベーターが1階に着いて時間切れになってしまいます。まずは「結論」を伝える。興味を持ってくれたかもと思ったら「根拠」を伝える。

プレゼンはその繰り返しです。

「結論」と「3つの根拠」があればプレゼン資料がつくれる

さて、実例を見ていきましょう。

次ページ図9-3のスライドで伝えたいメッセージは何でしょうか。

①「毎朝使っていたスタバが閉店して、まじショック」というツイートから、スターバックスコーヒーの公式サイトに掲載されている閉店情報をもとに、その人の住宅や勤務先などがどのあたりにあるのかが絞り込まれてしまう

②ブルーインパルスの画像に映された機体の角度から、それがどこで撮影された場所なのかを推定できる

ということが書かれています。

だから「不用意なソーシャルメディアへの投稿によって、身元が特定されてしまうリスクがあるから気をつけましょう」ということが、どうやらこのスライドで伝えたいメッセージのようだとわかります。

このスライドで伝えたいメッセージをピラミッドにまとめてみると、次のようになります。

図9−3 身近なSNSを使ったソーシャルエンジニアリングの例

（ピラミッド）

結論 不要意なソーシャルメディアへの投稿によって、身元が特定されてしまうリスクがあるから気をつけましょう

根拠1 「毎朝使っていたスタバが閉店」という投稿から、閉店するスタバの情報を探れば身元を割り出すヒントになる

根拠2 「ブルーインパルス」の投稿で上げた写真の角度から、撮影された地域が割り出せる

ここからスライドをつくっていくと、

211ページ図9－4のような感じになると思います。

スライド4は、根拠を3つにするために入れています。自分の投稿だけではなく、「自宅から近所の誰々ちゃん呼んだ、イェーイ」といった他の人の情報の書き込みからも特定される可能性がある、という話を根拠の1つにしました。

こういうふうに一度つくっておくと、スライドをつくるときにも整合性がとりやすくなります。

最終的に3つ目をのせるかどうかは、あとで判断してもよいと思いますが、ここまでやると、きちんとしたプレゼンの構成ができます。

メッセージはつながっているか？

プレゼンテーション資料の原則は、スライド1枚ごとにメッセージ1つです。

1枚のスライドにこれでもかと情報を詰め込みすぎて、何が言いたいのかさっぱりわからないというものを見かけますが、それは間違いです。

図9-4 結論と根拠でまとめたスライド

スライド1　結論

不用意なソーシャルメディアへの投稿によって、身元が特定されてしまうリスクがあるから気をつけましょう！

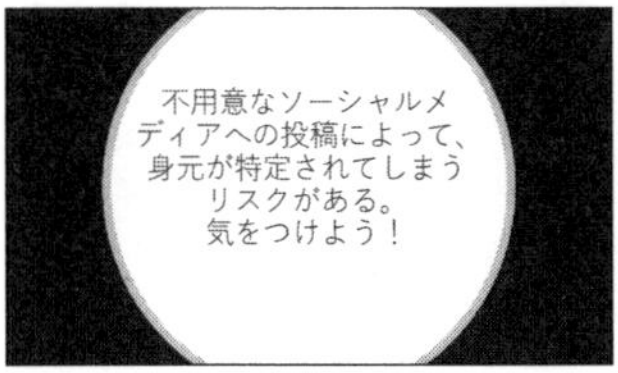

スライド2　根拠1

「毎日使っていたスタバが閉店」という投稿から、閉店するスタバの情報を探れば身元を割り出すヒントになる

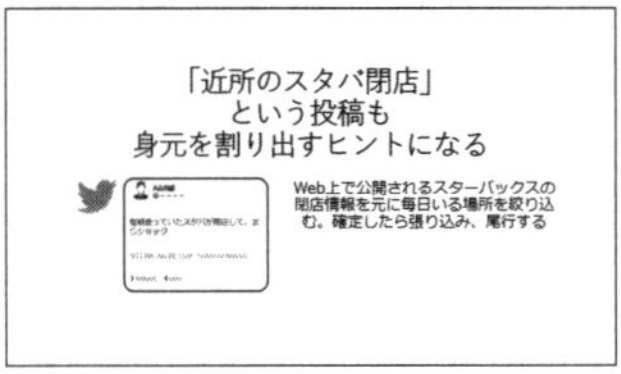

スライド3　根拠2

「ブルーインパルス」の投稿であげた写真の角度から、撮影された地域が割り出せる

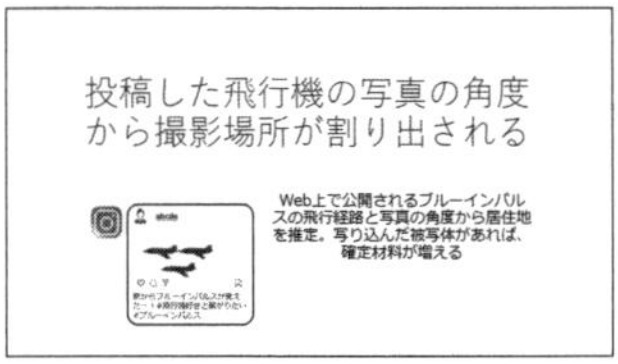

スライド4　根拠3

「近所の〇〇の家」など、知人の投稿から居住地が割り出される恐れがある

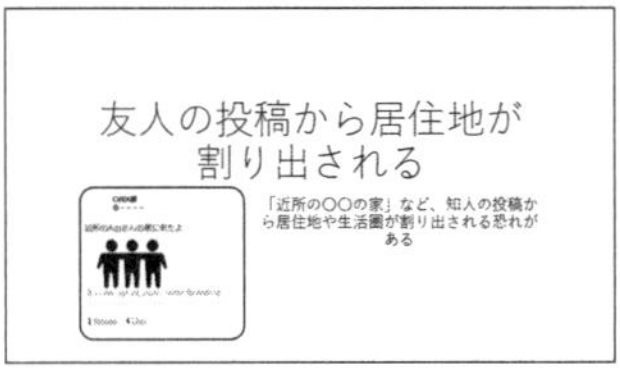

スライド1枚ごとにメッセージ1つ。それは、スライドごとに役割があるからです。これはピラミッドをつくって、一つひとつのスライドを構成していくと、おのずと1スライド1メッセージになるのがわかりますね。

ピラミッドで考えると、スライドのメッセージがわかりやすくなる

さて、209ページ図9-3のスライドをもう一度見てみましょう。ここで伝えたいメッセージは何でしょうか。

タイトルには「身近なSNSを使ったソーシャルエンジニアリングの例」と書いてありますが、これがメッセージではないですよね。強いていえば、このスライドを端から端まで見ていくと、左下の「注」のところに、「攻撃者はこのように複数の情報源を元に、個人情報を復元するような形で情報を入手することができてしまう」とあります。ここから「ソーシャルだと居場所を特定されちゃうよ」というのがメッセージでしょうか。

しかし、パッと一目ではわからないので、これではなかなか伝わりません。興味を持って、スライドを端から端まで読んでくれる人でない限り、読み飛ばされてしまうでしょ

図9-5 スライドの基本構造

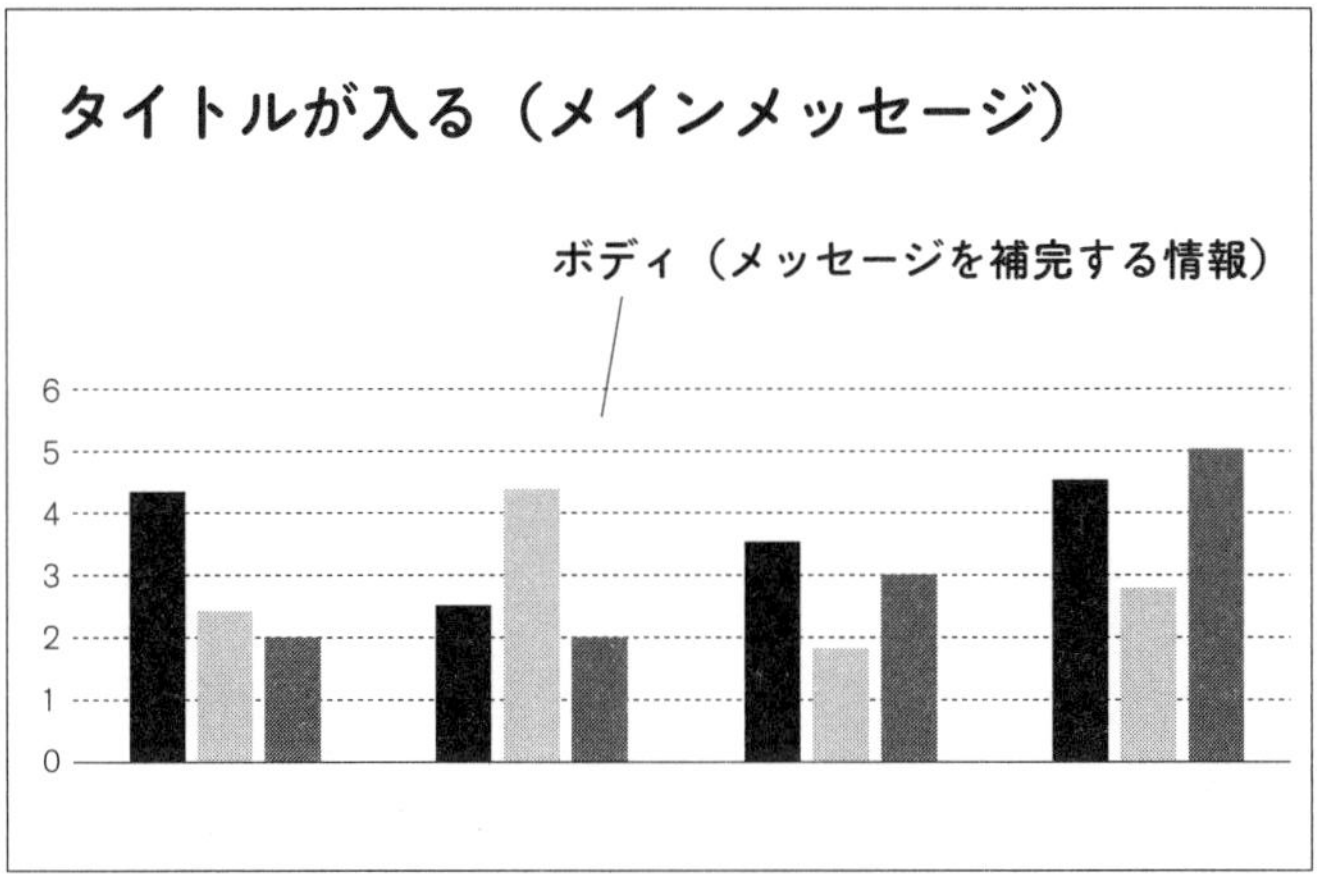

う。

しかし、ピラミッドをきちんとつくっていけば、最初の「結論」をメッセージとしてタイトルに持ってくることができますので、「何がメッセージなのかがわからないスライド」になることは防げます。

メッセージだけ先に入れる

スライドの基本的な構造というのは、上の図9-5のようになっています。

まずタイトルです。ここがメインメッセージです。その下に、メッセージを補完する情報、たとえばデータやグラフ、消費者の声などといった裏づけとなる情報があります。ここをボディと呼びます。

少し極端なことをいえば、タイトル部分だけ順を追って読んでも、1つの物語になっていて、読み手がストーリーを理解できるのがわかりやすいスライドです。

僕がスライドをつくるときは、先にメッセージの部分だけを入れていきます（先ほどの「空パック」のつくり方と同じです）。

まず1枚目のスライドにメインメッセージを大きく書きます。「ソーシャルで身元が特定されてしまうから気をつけよう！」というようにです。あとは写真などものせず、白紙です。メッセージの部分だけを書いていくと、ボディのところをつくり込みたくなりますが、ボディは一旦置いておきます。

次には根拠となるスライドです。「なぜなら、位置情報がわかってしまうから」というように、やはりワン・メッセージを書きます。

そしてここまできたら、ボディをつくる前に、まずは紙芝居のように全体を通して読み返してみましょう。

・全体のストーリーは無理なくつながっているでしょうか？
・辻褄の合わない箇所はないでしょうか？
・口頭で補足しなくても、資料を読むだけでメッセージが伝わるでしょうか？
・前後のつながりがよくわからない、不要なスライドはないでしょうか？

この時点で話がつながっていなければ、どんなに凝った表現や綿密なデータを入れたとしても、相手に伝わることは決してありません。

いきなりスライドからつくりはじめてしまう人の多くは、このプロセスを飛ばしてしまっています。ボディの部分から取り掛かって、一生懸命つくっていても、労力の割に伝わらないということもあるのです。

結論がまとまらない場合は、付箋でまとめる

プレゼン資料をつくりながら、結論がうまくまとまらなかったり、情報が散らかって

しまうこともあると思います。

僕は最近でこそやりませんが、プレゼンをはじめたころは、付箋を使ってピラミッドをつくっていました。

ピラミッドの部品になるような情報、たとえば「競合がいない」「簡単」といった情報を一つひとつ付箋に書いていきます。それをピラミッドに貼って、「結論」と「根拠」がきちんとつながっているか、同じレイヤーの情報がそろっているかということを確認していくのです。

付箋に書く情報は、あまり深く考えず、思いついたことをどんどん書いていきます。その案件についての情報、ヒアリングでメモしたこと、ニュースや新聞で見聞きした関連しそうな話などを、どんどん書き出していきます。

注意点は、1つの付箋に1つの情報だけを書くことです。付箋を並べ替えたり、移動しながら考えるからです。

書き出した付箋を見ながら、「この話の結論はこれ」「だとすると根拠はこれではないか」「この根拠と事例はセットになる」などと、付箋を貼ったりはがしたりしながら、ピラミッドをつくっていきます。

付箋のピラミッドができあがったあとも、実際にプレゼンする様子をイメージしながら、「ちょっと、ここの流れは抽象的になってしまうな。具体的な事例をひとつ増やしたほうがいいな」などと考えて、スライドを追加したり、ストーリーを組み立てていくことができます。

構造的につくっておくと何がいいか

ピラミッドを用いて構造的につくっておくと何がいいかというと、順番の入れ替えが楽です。

説得力のある「根拠」は相手によって違います。

たとえば、あなたがとある販促プランの提案を社内で通したいとします。

そのときに頭の中に、こんなピラミッドができていたとします。

結論　販促プランを実現する

根拠1　確実に売れる
根拠2　まだ誰もやっていない
根拠3　簡単にできる

しかし、この提案を通すには、保守的で面倒くさがりで新しいものはやりたがらないリーダーの許可が必要です。このまま提案したらどうでしょうか。「まだ誰もやっていない」のところで却下されてしまうかもしれません。

プレゼンの目的は、あくまで相手に動いてもらうことです。どうしたら意思決定者であるリーダーに動いてもらうことができるのか。そう考えると、たとえばこんなピラミッドが考えられます。

結　論　販促プランを実現する
根拠1　確実に売れる
根拠2　自社の名前を覚えてもらうチャンスになる　→　**ここを変える**
根拠3　簡単にできる

さらに、伝える順番を入れ替えます。

結論　販促プランを実現する
根拠1　確実に売れる
根拠2　簡単にできる
根拠3　自社の名前を覚えてもらうチャンスになる　↓　**ここを最後に**

「今伸び悩んでいるこの商品の売り伸ばし策を考えました」などと共感してもらえるところから入ります。そして「意外と簡単に安くできるんですよね」と言って、「確かにCMを打つよりも安いね」と思ってもらおうと考えます。

そして最後に「弊社の名前を覚えてもらうチャンスになります！」と言うと、誰もが大切にしている価値観にはなりますので、リーダーも上に話しやすくなるでしょう。

もちろん、どんな「根拠」なら相手に伝わるのかということに正解はありません。相

図9-6 説得の順番は人によって変える

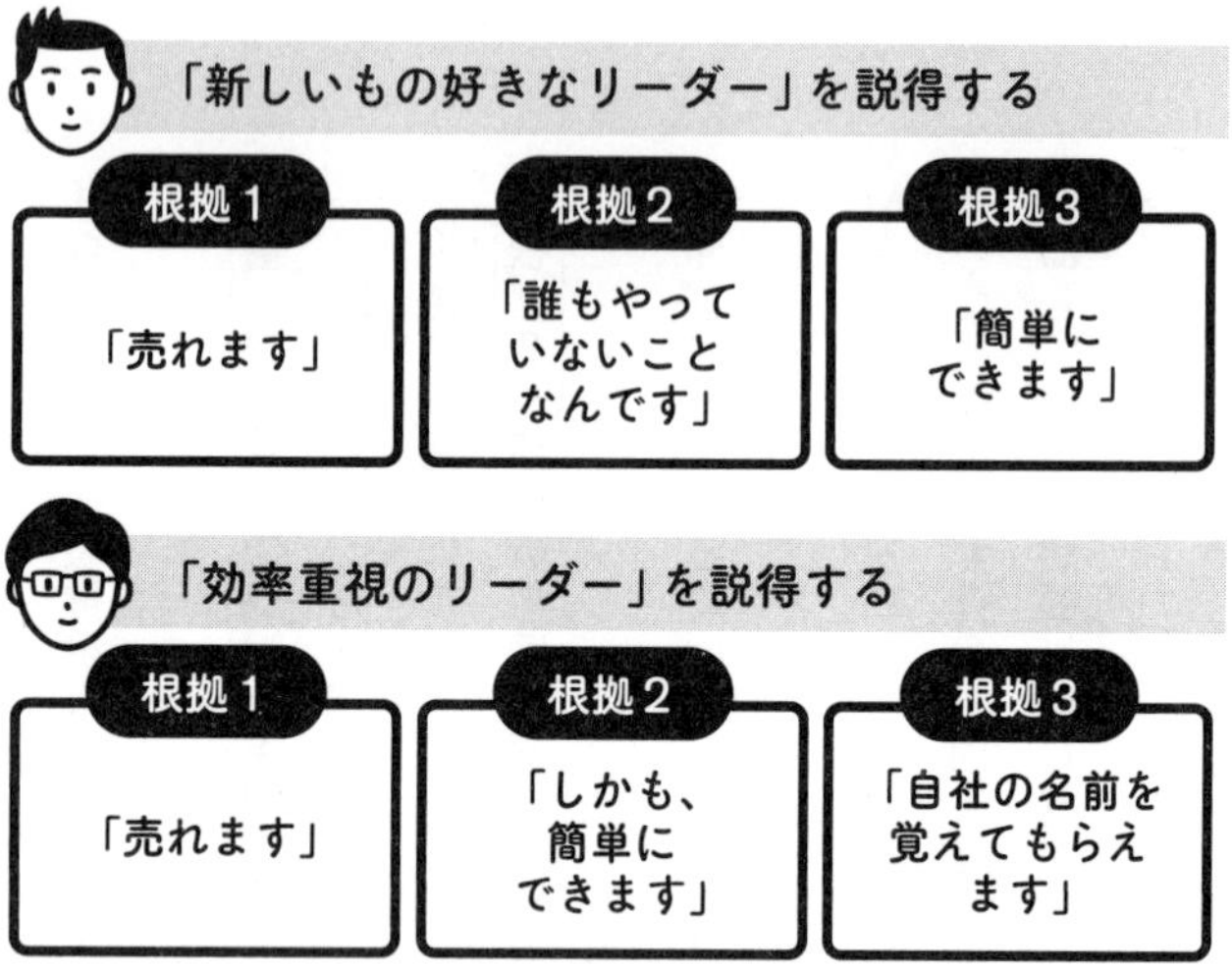
「新しいもの好きなリーダー」を説得する
根拠1
「売れます」
根拠2
「誰もやっていないことなんです」
根拠3
「簡単にできます」
「効率重視のリーダー」を説得する
根拠1
「売れます」
根拠2
「しかも、簡単にできます」
根拠3
「自社の名前を覚えてもらえます」

手がどんな性格か、何にメリットを感じるのか、今どんなことに関心があるのかによって千差万別です。

ですから、人に何かを伝えるときには、相手の状況を観察して、なるべく想像力を振り絞って、どうすれば伝わるのか考え抜く必要があります。

したがって相手が変われば、「根拠」の順番が変わりますし、スライドの順番も変わります。

ピラミッドを意識してプレゼン資料をつくると、大きな骨組みのところはできていますから、根拠の部分を入れ替えることも楽になります。

今回の事例でも、「新しいものが好き」というマネージャーであれば、相手にとって一番大事なのは、「誰もやっていない」でしょう。

だから、まず前提として「売れます」から話して、「何で売れるの？」と言われたら、今度は「誰もやっていないからです」という話をすればよいでしょう。「効率化」を重視する相手であれば、「売れます」のあとに、「でも大変じゃないの？」という疑問を持つかもしれません。だったら、次に「簡単です」という順番で話していけばよいでしょう。

「プレゼン」でなく資料で説明する場合

仕事の通常の打ち合わせの時など、プレゼンはせずに、対面で説明をすることもあると思います。

たまに、プレゼンがないのにパワポを使った図版中心の資料を見せている方もいますが、通常の説明であれば、図表だけでなくテキストをきちんと入れた資料を使って、説明する必要があります。

そもそも、パワポはあくまでプレゼンの補助ツールです。プレゼンがないときにもパワポが使われるのは、違和感があります。文章をきちんと書いて説明することが大事です。

ただし、考え方は同じです。先述の例でしたら、図9-7のようになるでしょうか。

図9-7 1枚の資料としてつくる例

不用意なソーシャルメディアへの投稿によって、身元が特定されてしまうリスクについて

1 閉店情報をアップするリスク

ウェブ上で公開されるスターバックスの閉店情報をもとに、その人がいる場所を絞り込むことができます。確定したら張り込み、尾行することも可能です。

2 飛行物の写真をアップするリスク

たとえば、「ブルーインパルス」の投稿で上げた写真の角度から、撮影された地域が割り出せます。ウェブで公開されているブルーインパルスの飛行経路と写真の角度から居住地を推定できます。写り込んだ被写体があれば、さらに確定材料が増えます。

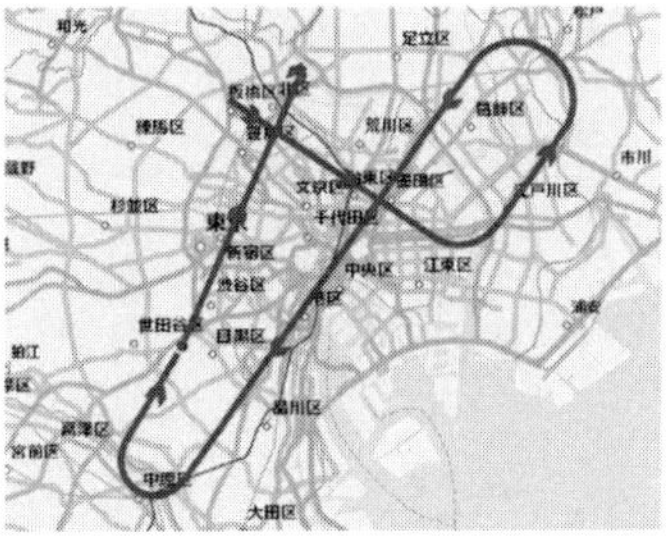

3 知人の投稿から居住地が割り出されるリスク

「近所の〇〇」など、知人の投稿から居住地を割り出される恐れがあります。

「最初に何を言うか」がプレゼンでいかに大事か

プレゼンする際には、何を最初に言うかはめちゃめちゃ重要です。相手によって、コミュニケーション全体を考えていかなければなりません。

そして、それはピラミッドの順番が変わるということです。

相手の置かれた状況やコンディションを見ながら、何を先に出すかという流れを設計することは、もちろんプレゼンに限ったことではありません。

たとえば料理のコースも同じだと思います。これだけは食べて帰ってほしい自慢の料理がビーフ・シチューだとしても、コースの最初から出すことはせず、前菜やサラダ、スープで食欲を高め、期待値が高まったところで、一番食べてほしい料理を出すのではないでしょうか。でも、決まりに従わなければいけないということではなく、ものすごく寒い日に、最初にサプライズで熱々の茶碗蒸しを出したら喜ばれるかもしれません。
僕は音楽をやるので、ライブでどんな順番で演奏するか、いつも妄想しています。

プレゼンも同じです。たとえば、相手が飲み会でこんな話で盛り上がっていた、あのときこんな話をしていた、といった記憶から、「きっとこうすると盛り上がるだろう」と考えていくのです。

ドラマティックな展開が好きなら最後に説明するとか、とにかく結論ファーストの人が相手なら最初に結論を伝えるとか、単にロジカルというのではなく、相手のことを想像して設計していくのです。相手のことをどこまで想像できるかという、それに尽きるのです。

想像力とは何かというと愛なんです。だから、プレゼンも愛の告白みたいなものです。愛の告白はどうしたらうまくいくかというと、相手のことを考えに考えに考えたから、うまくいく。だからこそ、演出であっても嬉しいと思ってくれるわけです。

ジョブズも間違えたスピーチの順番

どんなに優れたプレゼンテーションを行なったとしても、スピーチの順番を間違えることで、効果が半減してしまう。この最たる例がスティーブ・ジョブズのとあるプレゼンです。

ジョブズといえば、プレゼンテーションの天才です。スピーチの順番を間違えるとはどういうことでしょうか。

2007年、初めてiPhoneの発表をしたときのことです。

まずジョブズは「このデバイスが優れた点は3つある」と言います。『1分で話せ』でも書いているように、これは聞き手の頭の中に枠組みをつくる重要なテクニックです。

「1つは、タッチスクリーンのiPod」だと言います。ここで大きな拍手と歓声が起こります。

「2番目に革命的なモバイル・フォン」だと言っています。観客は興奮して、さらに大きな拍手と歓声で会場が埋め尽くされます。ジョブズは歓声が収まるのを待って、満を持してこう言います。

「3番目に、これはインターネット・コミュニケーターとしてのブレイク・スルーだ」。しかし、ユーチューブなどで公開されている動画を見ると、3番目のときの拍手は明らかに少ないのです。聴衆の反応は、2番目でピークを迎えていたことがわかります。

おそらくジョブズにしてみれば「インターネット・コミュニケーターのブレイク・スルー」を実現することこそ重要で、携帯電話の革命などは通過点に過ぎなかったのだろうと思います。だからこそ、3番目の話を最後に持っていった。

けれども当時は、聴衆の理解は残念ながらそこまで追いついていなかった。聴衆にとっては「今まで持っているブラックベリーのような携帯端末がこんなスマートな電話になるのか」ということが驚きであり、その先のブレークスルーは想像できないから、2番目の話に反応してしまったのです。聴衆の理解力と想像力が、話し手に追いついていなかった例です。

これはユーチューブを見ても明らかで「革命的な携帯電話」による観客の盛り上がりを見ると、それを見ている自分もワーッと盛り上がるわけです。そんな状態で3番目の「インターネット・コミュニケーターのブレイク・スルー」を聞いても、皆白けているので、これは重要ではない情報と受け取ってしまうのです。

その後の時代の流れを見れば、「インターネット・コミュニケーターのブレイク・スルー」と言って、インターネットの未来を示したジョブズが正しかったわけですが、聴衆はついていけていなかったわけです。

僕だったら、事前にアップルが新しい端末を発表するといった話も伝わっていたのではないかと思いますので、最初に「革命的な携帯電話」と言い切って、わーっと盛り上がったあとで、「これのすごいのはそこじゃないんだ」と否定して、2番目にドーンと「インターネット・コミュニケーターのブレイク・スルー」の話をするかもしれません。そして最後はおまけで「タッチスクリーンのｉＰｏｄもついてるよ」みたいなことを茶化しながら言って、リズムを絶やさないようにするでしょうか。

皆さんも、ぜひ考えてみてください。

メッセージを言い切る勇気を

メッセージが伝わらない要因の1つに「言い切っていない」ことがあげられます。

様々な企業のプレゼン研修に講師として登壇すると、「そもそもどれがメッセージかわからない」「メッセージらしきものはあるが、オブラートや注釈がたくさんついていて、結果的に何が言いたいのかわからない」という事例をよく見かけます。

それはメッセージを言い切るのは怖いと、皆思っているからだと思うのです。「なんとなくグラフを見せておけば意味があるように見えそうだ」「だけどメッセージで『我が社には抜本的な変革が必要である』と書いたら、社長が怒りださないかな」といった考えが邪魔して、言い切れない。実際にとある会社で若手がスライドに、「我が社には抜本的な変革が断じて必要である」と入れたときに、それを見た部長が横で「いやいや、社長に対してこれはないでしょ」と言って変えさせたことがあったそうで、すると「そういうメッセージはあんまり言いたくない」というような感じになってしまうことが確実にあると思います。

そんな現状があると、先ほどのタイトルも「抜本的な変革が必要」ではなく「抜本的な変革が必要？」とか「我が社の変革の可能性」とか、最後には「業績のグラフが入っているから、『我が社の業績』にしておけばいいんじゃない？」といったことになり、ますますメッセージは伝わらなくなっていきます。

ピラミッドで結論を伝える勇気を

しかし、だからこそピラミッドだと思うのです。

ピラミッドを使って「課長、私はこう思うんです。なぜならばこうで、こうでこうなんです」ということを論理的に伝える。反対するのであれば、そこに至る過程についてやりとりをしていけばいい、というのが本来の在り方でしょう。

実際に「結論を言う」ことはスキルとしてはめちゃくちゃ簡単なことです。でも**「言えない」のは、日本的な文化に根差しているものが結構ある**と思うのです。

伝える側は相手に対する敬意を持って話すことが大事ですが、一方で、マネジメント側はそうした点を意識していただきたいと思います。

文章もピラミッドが書ければ、面倒ではなくなる

ビジネスでは、プレゼンではなく、企画や提案を文章で伝えなければいけない場面もたくさんあります。

とはいえこれも、何が言いたいのかわからない文章はあるものです。

伝わりにくい文章には、2種類あります。

1つは、構造が整理されていない文章です。書きながら考えているのか、最初に書いていることと途中の話が食い違って、最後まで読んでも何が言いたいのかよくわからなかったりします。

もう1つは、書いている本人の頭の中ではきちんと整理されているものの、「難しく書くほうがかっこいい」という感覚のもとに、わざとわかりにくく書いているものです。

文学作品などであれば、わざとわかりにくくしてもいいのですが、ビジネスではタブー

です。なぜなら、相手に動いてもらうこと、多くの関係者になるべくわかりやすく伝えることがビジネス文書をつくる目的だからです。

僕は、プレゼン資料をつくるときと同じように、文章を書く前にピラミッドをつくります。そして、「結論」と3つの「根拠」を整理します。「結論」と3つの「根拠」があれば、すぐに文章がつくれます。

ある程度慣れてきたら、まず文章を書きはじめてもいいですが、「あれ、ちょっと前後のつながりがわからなくなったな」「話が行ったり来たりしているな」というときなどに、その時点でピラミッドをつくってみることもあります。

僕がビジネスで使う文章のテンプレートは、シンプルにいうと、こんな形になります。

「××したいと思います。まず××、次に××、そして××だからです」

このテンプレートに当てはめれば、最低限、文章の体裁ができます。

ピラミッドに当てはめると、

「〈結論〉したいと思います。まず〈根拠1〉、次に〈根拠2〉、そして〈根拠3〉だからです」

となります。

そして、「1つ目に～」と根拠1の「たとえば」のところから書いていけばよいのです。

ビジネス文書を書くというと、「ビジネスマナーに沿った表現をしなければいけない」「時候の挨拶をきちんとしなければいけない」と思ってしまう人がいます。

ビジネス文書を書くとき、一番大切なマナーは、読み手にとってわかりやすいかどうかです。どんなに流暢に時節の挨拶が書かれていても、何が言いたいのかわからない文章では、意味がありません。

しかし、ピラミッドで骨格が明確になっていれば、たとえ「ちなみに……」と本題と関係のない話をしても、すぐに戻ってくることができますし、「結論」と「根拠」が明確で伝わりやすいので、読む人も迷子になりにくいのです。導入部分で「先日はお世話になりました。実はあのとき……」といった前置きがあっても構いません。

文章を書くときまでピラミッドなんて面倒くさいという方もいるかもしれませんが、ここでのピラミッドはそんなに凝ったものでなくて構いません。あくまで「仮」で、「文章がつくりやすいからちょっとやってみる」くらいのレベルのものでよいのです。書いてみてうまくつながらなければ、また戻ればいいのですから。

おわりに

お読みいただき、ありがとうございました。
楽しんでいただけましたでしょうか。

『1分で話せ』が多くの方にご評価いただいたおかげで、本を書かせていただく機会が増えました。

僕には、本を書く動機があります。

『1分で話せ』（2018年、以下小社刊）は、「プレゼンの名手が先生となり、未熟な読者に話し方の指南をしている本」ではありません。
プレゼンテーションやコミュニケーションに悩み、苦労し、悔しい思いをしてきた僕が、一つひとつ身につけてきたスキルを明らかにした本です。筋道立ててものごとを考えることができず、コミュニケーションが苦手で、ダメダメだった「あの頃の自分」に、「大丈夫大丈夫。こうすればできるから！　簡単でしょ？」と書きました。

『０秒で動け』（２０１９年）もそうです。なかなか思うように、自分の目指す方向に踏み出せなかった。しかし、しっかり事前準備をすれば動けるはずだ、と様々試行錯誤して、動けるようになった。その経験を「あの頃の自分」に伝えたものです。

『１行書くだけ日記』（２０２１年）もそう。動けるようになっても、なかなか成長できなかった。しかし遅れをとったからには、少しでも「追いつかなければ」ならない。そう思って、自分の経験を成長の糧とするべく、「振り返って気づきを得ること」を習慣にしてから、成長を実感するようになりました。その経験を、「もがき続けた自分」に伝えたものです。

全部、「あの頃の僕」に伝えています。

本書もそうです。

「あの頃の僕」はきっとこう言うに違いない。

『1分で話せ』で、「考えて伝える極意」はなんとなく理解した。でも相変わらず仕事ではうまくいかず、失敗ばかりだ。もう少しどうにかならないか、と。

確かにそうかもしれない。『1分で話せ』は、ある意味「結論と根拠」をスッキリ、カンタンに伝えた本です。これが「使えるスキル」になるためには、「イメージ」を強化する必要がある。

その部分を担当するのが、本書です。つまり、『1分で話せ』がロジック（左脳）、本書がイメージ（右脳）担当です。

ですから、セットではじめて完結します。ぜひ、2冊を繰り返し、読んでみてくださいね。きっと、変わりますから。大丈夫ですから。

今回も、編集のＳＢクリエイティブ多根由希絵さん、編集協力の渡辺裕子さんとの鉄壁トリオでこの本を世に出すことができました。本当にありがとうございました。

また本書では、ヤフー株式会社のリサーチャー、Ｙａｈｏｏ！アカデミアアルムナイ（卒業生）の鎌田篤慎さんに、たたき台となるプレゼン資料を提供いただきました。ありがとうございました。


そして、これまで仕事や様々な場所でかかわっていただいたすべての皆さんと行なってきたコミュニケーションのおかげで、知見が蓄積されていきました。

今の僕がいるのは、皆さんのおかげです。本当にありがとうございます。

私の知見を、この本を経由して、「あの頃の僕」に伝えます。

それが結果として、本書を手に取り、読んでくださった多くの皆さんにとって、学びや成長のきっかけになれば、こんなに嬉しいことはありません。

２０２１年２月

伊藤　羊一

著者：伊藤羊一（いとう よういち）

Z ホールディングス株式会社 Z アカデミア学長／ヤフー株式会社 コーポレートエバンジェリスト Yahoo! アカデミア学長／武蔵野大学アントレプレナーシップ学部 学部長(予定)／株式会社ウェイウェイ 代表取締役／グロービス経営大学院 客員教授。東京大学経済学部卒、1990 年日本興業銀行入行、企業金融、債券流動化、企業再生支援などに従事。2003 年プラス株式会社に転じ、ジョインテックスカンパニーにてロジスティクス再編、マーケティング、事業再編・再生などを担当後、執行役員マーケティング本部長、ヴァイスプレジデントを歴任、経営と新規事業開発に携わる。2015 年 4 月ヤフーに転じ、現在 Z アカデミア学長、Yahoo! アカデミア学長として Z ホールディングス、ヤフーの次世代リーダー開発を行なう。またウェイウェイ代表、グロービス経営大学院客員教授としてリーダー開発を行なう。若い世代のアントレプレナーシップ醸成のために 2021 年 4 月より武蔵野大学アントレプレナーシップ学部（武蔵野 EMC）を開設、学部長に就任予定。代表作『1 分で話せ』（SB クリエイティブ）は 49 万部を超えるベストセラーに。その他『0 秒で動け』『1 行書くだけ日記』（ともに SB クリエイティブ）など。

世界《せかい》のトップが絶賛《ぜっさん》した即座《そくざ》に考《かんが》えが“まとまる”“伝《つた》わる”すごい技術《ぎじゅつ》

1分《ぷん》で話《はな》せ2【超実践編《ちょうじっせんへん》】

2021 年 3 月 28 日　初版第1刷発行

著　者	伊藤羊一
発行者	小川 淳
発行所	SB クリエイティブ株式会社 〒 106-0032 東京都港区六本木 2-4-5 電話 03-5549-1201（営業部）

装丁	三森健太（JUNGLE）
本文デザイン・DTP	次葉
校正	聚珍社
編集協力	渡辺裕子
編集担当	多根由希絵
印刷・製本	三松堂株式会社

本書のご感想・ご意見を QR コード、
URL よりお寄せください。
https://isbn2.sbcr.jp/09009/

ISBN978-4-8156-0900-9